l' A

Cubisme

Alyse Gaultier

À Karim A. Soumaïla,
Fabienne, Jean-Pierre
et Clémentine Gaultier

Flammarion

L'abécédaire

Il se compose des notices suivantes, classées par ordre alphabétique.
À chacune d'elles est associée une couleur qui indique sa nature :

■ L'univers du cubisme

Apollinaire (Guillaume)
Art africain
Ateliers
Cendrars (Blaise)
Cézanne
Cinéma
Du Cubisme (de Gleizes et

Metzinger)
Jacob (Max)
Kahnweiler (Daniel-Henry)
Laurencin (Marie)
Mode
Peintres cubistes
(Les, d'Apollinaire)

Poésie
Princet (Maurice)
Rendez-vous
Salmon (André)
Soirées de Paris (Les)
Vauxcelles (Louis)

■ Des peintres, des sculpteurs et des œuvres

Archipenko (Alexander)
Brancusi (Constantin)
Braque (Georges)
Delaunay (Robert)
Delaunay (Sonia)
Demoiselles d'Avignon (Les)
Derain (André)
Duchamp (Marcel)
Duchamp-Villon (Raymond)
Gleizes (Albert)

Grand Nu
Gris (Juan)
La Fresnaye (Roger de)
Léger (Fernand)
Lhote (André)
Malevitch (Kasimir)
Marcoussis (Louis)
Matisse (Henri)
Metzinger (Jean)
Mondrian (Piet)

Nature morte
à la chaise cannée
Picabia (Francis)
Picasso (Pablo)
Portrait de joueurs d'échecs
Section d'Or
Survage (Léopold)
Ville de Paris (La)
Villon (Jacques)

■ L'espace pictural

Abstraction
Assemblages
Autonomie du tableau
Collage
Constructions
Couleur
Futurisme

Lettres
Mouvement
Objet
Objets illusionnistes
Orphisme
Papier collé
Perspective

Quatrième dimension
Réalisme
Sculpture
Simultanéité

Au fil de ces notices, et grâce aux renvois signalés par les astérisques,
le lecteur voyage comme il lui plaît dans l'abécédaire.

LE CUBISME RACONTÉ

L e cubisme est un mouvement capital de l'art du XXᵉ, qui met
fin à la représentation de l'espace pictural établie par Alberti
valant pour norme depuis quatre siècles, et décide du nouvel
espace de l'art moderne et contemporain.

Dès les premières recherches de Picasso et de Braque, nombre
d'artistes, pressentant les potentialités offertes par celles-ci, vont
les exploiter à leur compte, parfois de façon sommaire mais aussi
très inventive.

Cependant, seul le cubisme de Braque et de Picasso détermine la
révolution plastique qui aboutit entre 1907 et 1914 à la destruction de l'espace naturaliste et à la substitution d'un espace
conceptuel.

I. L'espace révolutionnaire de Braque et Picasso
A. Le pré-cubisme

En juillet 1907, à la suite d'une visite au Musée du Trocadéro
où sont exposés des objets tribaux d'Afrique, Pablo Picasso
remanie la partie droite des *Demoiselles d'Avignon* en laquelle
Kahnweiler verra la naissance du Cubisme. Toile révolutionnaire
qui, en faisant cohabiter deux espaces abstraits, porte un coup
fatal au principe d'unité de l'espace académique, elle retient
pourtant l'attention de Braque fin 1907.

Marqué par Derain et les rétrospectives de Cézanne, Georges
Braque avait renoncé au fauvisme. Engagé dans une recherche
spatiale, il avait élaboré « le renversement de perspective » (Daix)
et se libérait peu à peu du motif extérieur. Bien que procédant
différemment, Braque – par un retour à Cézanne – et Picasso –
via l'Art africain – manifestaient le désir de créer un espace autonome. Au printemps 1908, Braque répond aux toiles primitivistes de Picasso vues au Bateau-Lavoir par le *Grand Nu*. Attirés
« par la matérialisation de cet espace nouveau », « qui fut la
direction maîtresse du Cubisme » (Braque), les artistes vont
détruire l'espace de la perspective, limité au point de vue afin de
trouver un espace révélant la vérité de l'objet.

Durant une période africaine (1907-1909), Picasso s'intéresse à
la figuration des volumes dans un espace court (*Trois figures
sous un arbre*, 1907). Braque, quant à lui, suivant la lettre de
Cézanne à Émile Bernard parue dans le *Mercure de France*
(1907), « traiter la nature par le cylindre, la sphère, le cône »,
géométrise les volumes et impose une nouvelle vision de l'objet

Pablo Picasso,
*Le Verre
d'absinthe*,
1914, bronze
peint et sablé,
22 x 15
x 7,5 cm.
Paris, Centre
Georges
Pompidou.

conceptualisée (*Maisons à l'Estaque*, 1908), reprise par Picasso (*Maisonnettes et arbres*, 1908). Concentrés sur l'espace, Braque et Picasso soumettent les éléments picturaux à celui-ci, et émancipent le tableau du réel : la couleur est minimisée, la lumière devient interne au tableau. Refusés au Salon d'Automne, les paysages de Braque, rapportés de l'Estaque, sont exposés chez Kahnweiler (novembre 1908).

Reprenant les termes de Matisse, membre du Jury du Salon, Vauxcelles parle pour la première fois de « petits cubes » dans le quotidien *Gil Blas*. Bien qu'utilisé par dérision, ce qualificatif étendu au nom de cubisme devient, dès 1909, l'appellation officielle du mouvement. Toutefois, c'est le début de la « cordée en montagne » des deux peintres.

Pablo Picasso, *Le Guitariste*, été 1910, huile sur toile, réalisée à Cadaquès, 100 x 73 cm. Paris, Centre Georges Pompidou.

En quête d'un espace tactile capable de mener les objets vers le spectateur, Braque étudie celui des natures mortes, puis peint des instruments de musique (1908-1909). Pour assouplir les compositions rigidifiées par l'écriture objective, Picasso fragmente les objets, et Braque les inonde de lumière.

En 1909, l'Espagnol montre par un basculement de plans la totalité des faces de l'objet et figure ainsi ses trois dimensions (*La Femme assise*, 1909). Fin 1909, l'espace de la perspective est détruit. Le tableau n'est plus « une fenêtre ouverte sur le monde » (Alberti), il ne figure plus l'illusion des trois dimensions de l'objet, mais sa totalité.

B. Contre l'hermétisme

Pour engendrer des œuvres autonomes, Braque et Picasso opèrent durant le cubisme analytique, la fusion tant recherchée par Cézanne de l'espace et de l'objet. Élargissant la fragmentation à la totalité de la composition, puis délaissant la question des volumes pour celle des plans, les artistes détruisent la notion d'espace contenant, régie par le point de vue unique. Dans cette logique, Picasso procède à l'éclatement de l'homogénéité de la forme en 1910 (*Le Guitariste*). Désormais, les pionniers représentent l'essence de l'objet plus conciliable avec la platitude de l'espace.

Or, cette abolition de l'espace classique pose un problème de lisibilité des toiles. Le motif est in-identifiable, la composition souffre d'un certain flottement spatial : le cubisme sombre dans l'abstraction.

Attaché au réalisme, Braque introduit un clou illusionniste dans *Violon et palette* (1909), afin d'ancrer la composition dans

« M. Braque est un jeune homme fort audacieux. L'exemple de Picasso et Derain l'a enhardi. Peut-être aussi le style de Cézanne et les ressouvenir de l'art statique des Éyptiens l'obsèdent-ils outre mesure. […] .
Il méprise la forme et réduit tout, sites figures maisons, à des schémas géométriques à des cubes… »

(Louis Vauxcelles, *Gil Blas*, 14 novembre 1908,
à propos des toiles de rapportées de l'Estaque par Braque
et exposées à la galerie Kahnweiler du 9 au 28 novembre 1908)

Georges
Braque,
*Le Viaduc
de l'Estaque*,
automne
1907, huile
sur toile, 65,1
x 80,6 cm.
The
Minneapolis
Institute
of Art,
fondation
John R. Van
Derlip.

« Ce qui m'a beaucoup attiré – et qui fut la direction maît
Alors je commençai surtout à faire des natures mortes,
Cela répondait au désir que j'ai toujours eu de toucher
car c'était la première

(Braque à Dora Vallier, « Braqu

10

Cubisme – c'était la matérialisation de cet espace nouveau que je sentais.
e dans la nature il y a un espace tactile, je dirai presque manuel.[…]
et non seulement de la voir. C'est cet espace qui m'attirait beaucoup,
e cubiste, la recherche de l'espace… »

re et nous », Cahier d'Art, n°I, 29ᵉ année, 1954)

l'espace. Picasso étend cette technique à d'autres objets (clef, embrase de rideau…) qui acquièrent la valeur de signes en permettant l'identification des toiles (*La Table de toilette*, 1910). Insatisfaits, Braque et Picasso insèrent régulièrement entre 1910 et 1911, des lettres, parfois peintes au pochoir. En 1911, Picasso intègre une structure pyramidale qui met un terme au flottement spatial, puis tente de réintroduire la couleur avec du Ripolin (peinture de bâtiment). Ces innovations révèlent aux artistes la capacité de l'espace cubiste à intégrer des éléments étrangers. Fort de cette découverte, Picasso en 1912, introduit un morceau de toile cirée dans la *Nature morte à la chaise cannée* et invente le collage.

Désormais, l'illusion picturale est détruite, il n'est plus besoin d'imiter le réel, il suffit de l'incorporer. Braque à son tour, invente le papier collé, par lequel l'espace, l'objet, et la couleur deviennent autonomes. Autonomie qui permet la réintroduction de cette dernière. Parallèlement dans les assemblages et constructions ; l'objet existe désormais pleinement en trois dimensions, et selon le souhait de Braque est à la portée du spectateur puisque sorti de la surface plane. C'est le début du cubisme synthétique.

C. Les adeptes du front orthodoxe

En dehors d'Apollinaire, Raynal, Reverdy, Jacob et Salmon, peu d'artistes comprirent la recherche de Braque et Picasso. Pourtant, quelques-uns ont contribué à la démarche orthodoxe ou l'ont simplement suivie, convaincus d'avoir affaire à un art supérieur dépassant les personnalités de ses créateurs. « Le Cubisme de Picasso […] a pris naissance avec André Derain » (*Der Sturm*, Apollinaire, 1913).

La recherche engagée à l'Estaque autour de Cézanne, où il peint des paysages construits libérés du motif (*Paysages de Cassis*, 1907), mais aussi autour de l'art africain, où il figure les trois dimensions des figures dans des espaces courts (*Les Baigneuses*, 1907), sont à l'origine du cubisme. La première conduit Braque à renoncer au fauvisme et la seconde inspire le primitivisme de Picasso. Rallié à celui-ci, peu après les *Demoiselles d'Avignon*, il expérimente le cubisme notamment en 1910 au sein de paysages pré-cubistes (*Cadaquès*), et en 1914 en s'initiant au papier collé. Bien que sa recherche cézannienne et africaine révèle une aspiration vers une peinture autonome, maintenant le sujet à distance, il ne dépassera jamais le pré-cubisme.

Installé au Bateau-Lavoir en 1906, Juan Gris adopte le cubisme en

« Cézanne, d'une bouteille fait un cylindre, moi je pars d'un cylindre pour créer un individu de type spécial, d'un cylindre je fais une bouteille, une certaine bouteille. Cézanne va vers l'architecture, moi j'en pars. »

(Juan Gris)

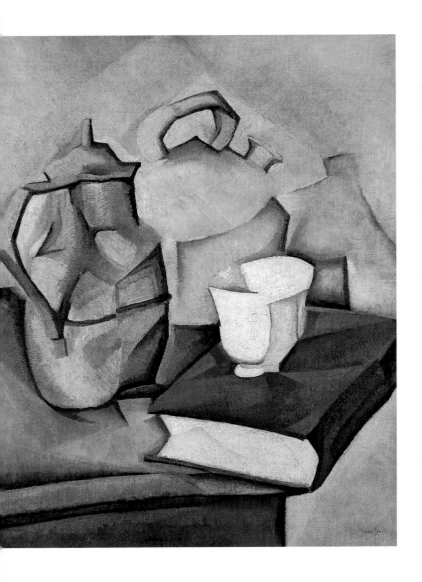

Juan Gris, *Le Livre*, 1911,
huile sur toile, 55 x 46 cm.
Paris, musée Picasso.

1911 en peignant des formes épurées et solidifiées sous l'impact de la lumière (*Hommage à Picasso*, 1912). Puis en 1912, il entre dans une période analytique, singularisée par le maintien de la lisibilité des toiles et l'emploi de couleurs vives.

Plus préoccupé de la structuration des objets que de l'espace, il arrive aux papiers collés et au collage en remplaçant les larges

aplats teintés par des fragments de réel colorés (miroir, tapisseries...) fin 1912 *(Nature morte aux Roses*, 1914). Bien que stylisé, son langage fait preuve d'une grande maîtrise plastique.

Arrivé au cubisme, par Braque en 1911, Louis Marcoussis s'accapare sa technique qui consiste à lier luminosité et couleur. Par son expérience de caricaturiste, il ordonne les différentes faces d'une figure de façon symétrique en ne faisant basculer que quelques plans pour que la figure reste identifiable *(La Belle Martiniquaise*, 1912). Moins pertinente est sa phase analytique. Proche de celle des créateurs, il intègre des lettres même si la lisibilité des toiles est conservée *(Nature morte au damier*, 1912). Son cubisme est caractérisé par une grande sensualité.

D. Cubisme synthétique

Les dernières inventions du cubisme analytique projettent le mouvement dans son ère la plus ludique. Si la période analytique avait sacrifié l'unité de l'objet en le logeant dans un espace révélant son essence, la phase synthétique trouve un moyen de le restaurer sans renoncer aux innovations spatiales. Suite à l'invasion spatiale de signes *(Journal, porte-allumettes, pipe et verre*, 1911, Picasso), les peintres ont alors l'idée de représenter les objets à travers leurs traits essentiels, ou de façon synthétique.

Cette nouvelle figuration, qui autorise une liberté figurative jamais atteinte, est de plus égayée par le retour de couleurs vives. L'espace de la perspective a désormais disparu au profit d'un espace conceptuel. Braque et Picasso, quant à eux, vont cependant procéder différemment.

Braque ayant rendu les formes et la couleur autonomes dans les papiers collés, va jusqu'en 1913 traduire en peinture ces bouleversements spatiaux tout en conservant un espace plat jusqu'en 1913. Désormais, l'objet n'est plus présenté dans l'ordre, il s'adresse à l'esprit pour être reconstitué. Les papiers sont remplacés par des plans verticaux et horizontaux, la technique du faux bois pratiquée en 1912, est affinée de façon à créer un espace

Picasso, *Journal, porte-allumettes, pipe et verre*, 1911, huile sur toile, 26 x 22 cm. Paris, musée Picasso.

Pablo Picasso, *Femme en chemise*, 1913, huile sur toile,
148 x 99 cm. New York, collection Ganz.

sans relief où l'objet synthétisé semble avancer vers le spectateur (*Le Violon (Valse)*, 1913).

Après avoir expérimenté dans les assemblages et constructions, la capacité des objets cubistes à évoluer dans l'espace réel de son atelier, Picasso traduit cette expérience au niveau pictural en logeant des figures synthétiques cubistes dans un espace classique (*Femme en chemise dans un fauteuil*, 1913). Cette pratique donne lieu à de nouvelles générations de papier collé, où il confronte espace perspectif et cubiste avec divers objets (journaux, paquets de cigarettes) et de constructions où se côtoient objets réels et cubistes (*Le verre d'absinthe*, 1914). Aboutissant à la conclusion que l'espace cubiste contient l'espace perspectif, Picasso impose le cubisme comme l'évolution logique de la peinture. Reflet du changement des mentalités, le cubisme incarne *La Théorie de la relativité d'Einstein* (1905), qui remettait en cause l'unicité de l'espace euclidien. Il redonne ainsi à la peinture une fonction propre, mise à mal depuis l'apparition de la photographie : anciennement miroir du réel, elle est désormais un espace propice à la réflexion.

II. Les diverses interprétations des cubisteurs
A. Les exposants de la salle 41

La révolution spatiale opérée par Picasso et Braque, à laquelle participent Derain Gris et Marcoussis, constitue ce qu'on appelle la tendance orthodoxe. Bien que leurs toiles ne soient visibles que dans la galerie de Kahnweiler et dans les ateliers, de nombreux peintres en ont connaissance par des médiateurs dont ils sont proches (Apollinaire, Metzinger, Gris, Princet). Sensibles au bouleversement qui s'effectue, ces artistes en reprennent les grandes lignes à partir de 1909-1910. Braque disait : « ils ont cubisté des tableaux » ; c'est pourquoi, pour les distinguer, on les nomme « cubisteurs », ou tendance hétérodoxe.

Les pionniers n'exposant pas dans les salons, le cubisme est paradoxalement révélé au public par cette nouvelle tendance au Salon des Indépendants de 1911. Les plus représentatifs, Gleizes, Metzinger, Delaunay, Léger, y sont réunis dans la salle 41, puis dans la salle VIII du Salon d'Automne à l'exception de Delaunay. Engouement non partagé par la critique, qui à partir de cet événement va s'acharner contre le cubisme.

Habitué du bateau-lavoir, jean Metzinger pratique dès 1910 un cubisme prometteur, inspiré des pionniers (*Nu*, 1910). Taxé de

Robert Delaunay, *La Ville n° 2*, 1910, huile sur toile, 146 x 114 cm. Paris, Centre Georges Pompidou.

plagiat, il s'oriente ensuite vers un cubisme plus cézannien (*Le Goûter*, 1911), avant de se livrer à une étude tout d'abord complexe du sujet présenté sous divers angles (*La Plume jaune*, 1913), puis simplifiée (*Paysage à la fenêtre ouverte*, 1915). Préoccupé par le sujet anecdotique et maintenant un éclairage classique, son cubisme est caractérisé par un attachement au système figuratif et spatial académique. Également écrivain, il publie en 1912 avec Gleizes le premier ouvrage consacré au mouvement : *Du Cubisme*.

Après avoir simplifié ses compositions (*L'Arbre*, 1910), Albert Gleizes pratique un cubisme cézannien, moins ascétique et plus figuratif que le précédent (*Portrait de Jacques Raynal*, 1911). En

1912, il entame une phase analytique proche de son ami, qu'il définit comme une « analyse de l'image sujet et du spectacle objet » (*L'Éditeur Eugène Figuière*, 1913). Au final, leur traitement cubiste a plus vocation à animer le sujet qu'à exprimer le nouvel espace.

Plus originale sont toutefois les interprétations de Delaunay et Léger. Pressentant la liberté figurative qui allait découler du nouvel espace, Robert Delaunay procède à la destruction de la perspective dans un langage cézannien dès 1909 (*Série Saint Séverin*, 1909-1910). Puis en 1910 il introduit de la couleur pure

Jean Metzinger, *Paysage à la fenêtre ouverte*, 1915, 73 x 54 cm. Nantes, musée des beaux-Arts.

posée de façon compacte (*La Ville n°2*, 1910), et étudie la fonction destructrice et dynamisante de la lumière sur l'objet montré sous plusieurs faces (*La Tour Eiffel rouge*, 1911). Ainsi, il se distingue des pionniers en opposant un ordre révélateur du dynamisme de l'objet (*La Ville de Paris*, 1912). Après un Cubisme cézannien (*La Couseuse*, 1909), Fernand Léger affirme un Cubisme visuel, qualifié de « Tubisme » par Vauxcelles.

En quête d'un espace idéal capable de distinguer pleinement les figures, il déboîte les volumes (*Nus dans la forêt*, 1909-1910). Le déboîtage, générant un dynamisme convoité, dès 1912 il accentue cet effet en réintroduisant la couleur. Dès lors, il réalise une série de contrastes de formes (*Contrastes de formes*, 1913) proche des contrastes simultanés peints par Delaunay à partir de 1912. Apollinaire baptise la nouvelle tendance de ces deux derniers

« On s'est dit avec Picasso pendant ces années-là des choses que personne ne se dira plus, que personne ne saurait plus dire, que personne ne saurait plus comprendre… des choses incompréhensibles et qui nous ont donné tant de joie… et cela sera fini avec nous. C'était un peu comme la cordée en montagne… »

(Braque à Dora Vallier, « Braque la peinture et nous », *Cahier d'Art*, n°I, 29ᵉ année, 1954)

« orphisme » ou « cubisme orphique » et signale l'écartèlement du cubisme. Toutefois, non-tenus par les mêmes objectifs, ils aboutissent à des voies différentes : Delaunay à la destruction de l'objet (*Le Disque*, 1912-1913) et Léger à un réalisme non-figuratif (*Le 14 Juillet*, 1914).

Fernand Léger,
Contraste
des formes, 1913,
huile sur toile,
130 x 97 cm.
Philadelphie,
Art Museum,
collection
Louise et Albert
Arensberg.

B. Les modérés

Outre ces exposants, nombre d'artistes sont séduits par la nouvelle
orientation de la peinture. Mais à l'encontre des précédents qui
l'utilisent pour rompre définitivement avec l'académisme, certains
vont l'exploiter pour animer un enseignement traditionnel, auquel
ils refusent de renoncer.

Le plus habile de cette tendance est le peintre Jacques Villon. Séduit par le caractère scientifique du cubisme (1911), il entame une période cézannienne (*Portrait de Raymond Duchamp-Villon*, 1911). Puis en 1912, il applique à ses compositions la structure pyramidale chère à Vinci et remplace la fragmentation en facettes cubistes par un voile découpé de triangles (*La Table est servie*,

1912-1913). Rejetant les règles classiques de soumission de la couleur à l'espace, il l'utilise vivement comme un vecteur d'équilibre libre (*Jeune Fille au piano*, 1912).

De la même façon Roger de La Fresnaye subit l'influence de Cézanne (*Le Cuirassier*, 1910). Admiratif de la synthèse moderne et classique réalisée par celui-ci, il expérimente certaines techniques cubistes (*La Vie conjugale*, 1913), futuristes (*L'Artillerie II*, 1912) et orphistes (*L'Homme assis*, 1914), tout en conservant règles de perspective et figuration classique. André Lhote quant à lui revendique clairement la notion « d'invariants plastiques » (*Parlons peinture*, 1933), qui impose que toute innovation picturale soit soumise aux règles classiques de compositions (*Sous-Bois à Arcachon*, 1912). Représentatif de nombreux peintres, il s'oppose pourtant à la démarche révolutionnaire des pionniers (*Le Peintre et son modèle*, 1920).

III. Évolution et fin du cubisme
A. Du statisme au mouvement

Si certains concilient cubisme et classicisme, une autre tendance avide de modernisme utilise le cubisme orthodoxe sans négliger des préoccupations personnelles, auquel ce dernier reste indifférent. Jugé trop statique ou trop réaliste, le cubisme sert de tremplin à la naissance de nouvelles tendances axées sur le mouvement et la non-figuration. Nouvelles optiques qui contribuent à l'écartèlement du cubisme.

Le premier à dénoncer le statisme du cubisme est le futurisme qui, dès 1909, publie un manifeste dans lequel l'écrivain Philippo Tomasso Marinetti affirme « Tout bouge, tout court, tout se transforme rapidement » (*Figaro*) et regroupe des artistes tels que Umberto Boccioni, Gino Severini, Carlo Carrà, Giacomo Balla et Luigi Russolo. Bien que le critiquant, il s'inspire du cubisme et lui doit entre autres, la destruction de la perspective sans laquelle la figuration des objets en mouvement aurait été irréalisable.

L'affirmation de la valeur plastique du mouvement suscite rapidement l'adhésion de nombreux artistes de la Section d'Or. Les modérés, comme de La Fresnaye (*L'Artillerie II*, 1912) et Villon, intègrent le mouvement en l'adaptant à un enseignement classique. Ce dernier parvient, à la lumière de Vinci, à une expression du mouvement subtile logée dans un espace paradoxalement très moderne (*Soldats en marche*, 1913). Léger et Delaunay suggèrent le dynamisme d'une façon inventive par le contraste de couleurs pures.

Robert Delaunay, *Les Tours de Laon*, 1912, huile sur toile, 100 x 75 cm. Paris, Centre Georges Pompidou.

La solution la plus originale est sans doute celle de Marcel Duchamp, qui avait déjà créé un cubisme singulier où il se souciait essentiellement de questions concernant la création d'un espace à « quatre dimensions » : transparence (*Portrait de joueurs d'échecs*, 1911) et durée (*Yvonne et Magdeleine déchiquetées*, 1911). Conscient de l'impasse dans laquelle s'était engagé le futurisme – peindre des corps mouvants –, il opte pour une solution inspirée de la chronophotographie de Marey. Dès 1911, il réalise une image statique du mouvement, en figeant sur la toile les diffé-

rentes étapes parcourues par une figure mobile (*Nu descendant un escalier n° 2*, 1912).

B. Orphisme et Abstraction

Durant le cubisme analytique, Braque et Picasso ont expérimenté une phase abstraite (*Les Usines du Rio-Tinto à l'Estaque*, 1910, Braque) afin de sortir de la figuration imitative ancienne. Mais n'ayant jamais voulu rompre avec le réel, ils ont cherché de nombreuses solutions pour reprendre contact avec lui, jusqu'à ce qu'ils trouvent une nouvelle figuration de l'objet synthétisée. C'est pourquoi le cubisme est un réalisme non-figuratif. Certains cubistes toutefois, jugeant inutile de restaurer l'objet, vont à partir de la phase analytique des pionniers instaurer deux mouvements capitaux de l'art moderne : l'orphisme et l'abstraction.

La première étape concernant la libération du réel apparaît avec l'orphisme, fondé par Robert et Sonia Delaunay. Apollinaire créa une certaine confusion en étiquetant sous ce nom, suite aux Indépendants de 1913, Francis Picabia, Frank Kupka, Fernand Léger et Vassily Kandinsky, en raison de leur attrait commun pour les couleurs vives. Né de sa période destructrice (1909-1912), l'art de Delaunay, sous la fonction dissolvante de la lumière, aboutit à la destruction de l'objet qui est remplacé par des contrastes de couleurs pures assurant désormais l'expression de l'espace et du dynamisme.

Dès 1913, ce procédé incite de La Fresnaye à construire un espace dynamique (*La Conquête de l'air*, 1913), et inspire Sonia Delaunay dans le domaine de la mode. Bien que chez Delaunay, les objets réels disparaissent peu à peu complètement (*Le Disque*, 1912), l'orphisme se distingue de l'abstraction en s'inspirant du réel extérieur, le tableau représentant les sensations dynamiques éprouvées après l'observation de la lumière (Série des *Formes circulaires, Soleils et lunes*, 1912-1913).

L'abstraction va rompre catégoriquement avec la réalité du monde, méprisée au profit d'une réalité supérieure. Après avoir expérimenté le cubisme (*Caoutchouc*, 1909), Francis Picabia peint des formes abstraites du réel (*Procession de Séville*, 1912) et parvient en 1913 dans *Udnie* et *Edtaonisl*, à créer « une peinture située dans l'invention pure » (Picabia, cité par G. Dubuffet, *Aires abstraites*).

Parti en 1911 du cubisme analytique des pionniers (*Nature morte au pot de gingembre I* et *II*), Mondrian en retient les possibilités d'abstraction opérée sur l'objet et l'espace pour aboutir à « l'expression de la réalité pure » (*Composition n° 9, Façade bleue*, 1913-1914). Autre pionnier de l'abstraction, Kasimir Malevitch, expérimente le cubisme et le futurisme (*Le Rémouleur*, 1912-1913) avant de créer en 1915 le suprématisme. Désormais, l'espace et les formes n'ont plus aucun lien avec le réel, mais s'unissent pour exprimer le rien, expression suprême de l'absolu (*Carré noir*, 1915).

C. Rayonnement et fin du Cubisme

En France, la révélation du cubisme au public fut laborieuse en raison de la constitution de clans et du refus des pionniers d'exposer dans les salons parmi la tendance hétérodoxe. En revanche,

Georges Braque, *Les Usines du Rio-Tinto à l'Estaque*, automne 1910, huile sur toile, 65 x 54 cm. Paris, Centre Georges Pompidou.

curieusement, le mouvement fut rapidement remarqué à l'étranger. Grâce à Daniel-Henry Kahnweiler et au collectionneur et esthète Wilhelm Udhe, les cubisteurs sont présentés la plupart du temps aux côtés des pionniers en Allemagne : au Salon d'automne (1910-1912), à la galerie « Der Sturm » à Berlin, la « Berliner Sezession » (1911-1912), à la galerie Tahnnhauser et aux expositions du « Blaue Reiter » de Munich. Le collectionneur et théoricien d'art tchèque Vincent Kramar permet également leur introduction à Prague, où une école cubiste se constitue (Bohumil Kubista, Otto Gutfreund, Antonin Prochazka…). Le poète et critique d'art Alexandre Mercereau et le collectionneur moscovite Serguëï Chtchoukine jouent un rôle non négligeable dans la diffusion du cubisme en Russie.À partir de 1912, on aperçoit des œuvres cubistes au Salon de la Toison d'Or et au Valet de Carreau, dont le groupe subit fortement l'influence (Kasimir Malevitch, Mikhaïl Larionov, Natalia Gontcharova…). Enfin, il fait son entrée aux États-Unis aux expositions de l'Armory Show à New York (1913), puis à Chicago et Boston, où il inspire des artistes du nom de Man Ray, Alfred Maurer, Marsden Hartley.

reconnu au niveau international, il s'étend parallèlement à travers différents domaines, notamment à travers la sculpture, la poésie, le cinéma, la décoration, l'architecture (Mallet-Stevens, Le Corbusier…) et devient, pour reprendre les termes de Gris et Braque, un véritable « état d'esprit ».

La guerre devait toutefois mettre un terme à l'aventure picturale. Suite à la déclaration, Braque, Léger, Metzinger, Gleizes, Villon et Lhote sont mobilisés, Marcoussis et La Fresnaye s'engagent et cessent leurs activités. Picasso, resté à Paris, commet, dès 1917, des infidélités au mouvement, par un retour au classicisme. Duchamp et Picabia participent au dadaïsme. Delaunay, Mondrian, Malevitch approfondiront leurs voies précédemment ouvertes. Au retour du front, Lhote perpétuera un cubisme décoratif très classique. Metzinger et de La Fresnaye effectueront un retour à la figuration. Braque, Gleizes, Villon et Marcoussis, quant à eux, évolueront ves des travaux très personnalisés. Seul Gris continuera la recherche engagée. Profondément marqués par ces années, les peintres vont par la suite y revenir ponctuellement (*Le Masque*, de La Fresnaye, 1921). Toutefois, l'aventure picturale s'achève en 1914. Ayant accompli son objectif en imposant une nouvelle ère spatiale, le cubisme laisse en héritage un nouvel espace au sein duquel vont s'épanouir les futures tendances de l'art moderne et contemporain.

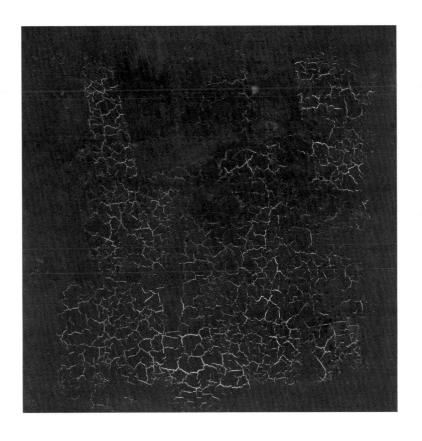

Kasimir Malévitch, *Carré noir*,
vers 1915, huile sur toile, 110 x 110 cm.
Moscou, galerie Trétiakov.

Abstraction

Durant l'élaboration du cubisme, Picasso* et Braque* n'ont jamais produit un art abstrait.

Si durant la période analytique (1910-1912) les œuvres sombrent dans l'abstraction, les objets représentés devenant in-identifiables, on ne peut pour autant parler d'art abstrait (*Nature morte à la bouteille*, 1911, Braque). Le cubisme étant avant tout un réalisme*, les artistes n'ont jamais voulu rompre avec le réel. En témoignent les intrusions d'objets illusionnistes*, de lettres, puis d'objets réels. Mais durant leur recherche, de 1907 à 1912, les artistes vont remplacer l'espace de la perspective* par un nouvel espace, caractérisé « par une indépendance à l'égard de la forme et de l'apparence de la forme » (Daix). C'est grâce à l'appropriation de ce nouvel espace plat, indépendant, que Léger* et Delaunay* matérialisent des contrastes colorés en lesquels les historiens voient les prémices de l'abstraction. Là encore, ce n'est pas de l'art abstrait, dans la mesure où les artistes puisent leur source d'inspiration dans le réel extérieur. C'est aussi après avoir expérimenté le cubisme que Malevicth* et Mondrian* donnent naissance à l'art abstrait. Mondrian regrettait que le cubisme « n'accepte pas les conséquences logiques de ses propres découvertes, [qu'] il ne développ[e] pas l'abstraction vers son but ultime, l'expression de la réalité pure. » (cité par Cabanne). Ainsi, l'évolution de l'art moderne s'appuyant sur le nouvel espace engendré par Braque et Picasso témoigne de la validité de celui-ci dans la mesure où il est capable de servir un art objectif (cubisme), un art in-objectif (orphisme*), un art d'objets irréels (art abstrait).

Pablo Picasso, *Le Joueur de mandoline*, 1911, huile sur toile, 100 x 65 cm. Bâle, collection Ernst Beyeler.

Braque, *Nature morte à la bouteille*, 1910-1911, huile sur toile, 55 x 46 cm. Paris, musée Picasso.

APOLLINAIRE (GUILLAUME)

Photographie
de Guillaume
Apollinaire, 1910,
21,9 x 17,4 cm.
Paris, musée
Picasso.

■ APOLLINAIRE (GUILLAUME)
Le plus fidèle défenseur

Poète, critique d'art, Wilhem Apollinaris de Kostrowitzky, dit Guillaume Apollinaire (1880-1918), devient en 1908 le plus fidèle défenseur du cubisme. Le suivi du travail de Derain* et Picasso*, rencontrés en 1904, lui font voir à juste titre que le cubisme naît avec Derain, même si Picasso reste le fondateur. Installé à Montmartre en 1907, il fréquente quotidiennement les habitués de la Butte, mais aussi Delaunay*, Gleizes* et Metzinger*, qu'il retrouve aux réunions de *Vers et proses* à la Closerie des Lilas. Sans doute informe-t-il ces derniers des travaux des pionniers, qui sont absents des salons. Dès 1908, il rédige les préfaces des catalogues d'expositions du Cercle d'Art Moderne du Havre, puis de Braque* à la galerie Kahnweiler*. Dans la première, il annonce sous le titre « les trois vertus plastiques » quelques-uns des principes esthétiques du mouvement. Dans la seconde, il critique l'impressionnisme au nom d'un art « plus noble, plus mesuré, mieux ordonné, plus cultivé ». Dès lors, il défend avec acharnement le mouvement à travers une profusion d'articles entre 1910 et 1914, parus dans *L'Intransigeant*, *Les Soirées de Paris**, et *Montjoie*. Sa fréquentation de la bande de Puteaux et l'amitié de Delaunay, Braque et Picasso lui permettent d'avoir une vision globale du cubisme dont il signale « l'écartèlement » lors de l'exposition de la Section d'Or* (1912). En 1913, il publie *Les Peintres cubistes**, et distingue clairement les deux grandes tendances de l'art moderne : le cubisme scientifique qui « peint des ensembles nouveaux avec des éléments empruntés, non à la réalité de la vision, mais à la réalité de la connaissance », et le cubisme orphique*, « art pur », dont les éléments sont « créés par l'artiste et doués par lui d'une puissante réalité ». Intéressé au parallèle entre poésie* et peinture, il effectue des « Calligrammes » et réalise le poème *Fenêtre* sur l'œuvre du même nom de Delaunay. En 1913 paraît son recueil de poèmes *Alcools*. Blessé grièvement en 1916 durant la guerre, il meurt en 1918.

■ Archipenko

Alexander Archipenko (1887-1964) naît à Kiev (Russie). Il suit une formation de peintre et de sculpteur à l'École des Beaux-Arts de Moscou puis de Paris, où il s'établit en 1908.

Vivant à la Ruche il rencontre rapidement Apollinaire*, Picasso*, Braque*, Léger*, Salmon*, et se rend dès 1910 aux réunions de la bande de Puteaux qui partage son intérêt pour le primitivisme et le modernisme. Découvrant la nouvelle peinture, il rompt avec le néo-impressionnisme et procède à une série de recherches visant à intégrer la structuration cubiste. Durant l'année 1909, il procède à une simplification des volumes (*Le Torse*), appliquée de façon radicale dans *Le Poète et Torse noir assis*, et sans précédent dans la sculpture* occidentale. Puis à partir de 1910, libéré du souci réaliste, il va résoudre des problèmes plastiques inédits. Il s'intéresse à la notion de volume plein indépendamment de sa valeur représentative et réalise des sculptures pures étirées comme en témoigne la série des *Silhouettes*, proche de la série *Muse endormie* commencée en 1909 par Brancusi*. Cette réflexion le conduit à s'interroger sur le rapport du vide et du plein, des formes concaves et convexes. Dès lors, les sculptures abstraites réalisées en 1913, réduites à leurs propres structures sans référence naturaliste, comptent parmi les œuvres les plus importantes de la sculpture moderne (*Le Gondolier*, *Les Boxeurs*). Élargissant ses recherches, il réalise des « sculpto-peinture » (*Le Carousel de Pierrot*, 1913) et des constructions* (*Medrano I* et *II*, 1912-1913 ; *Femme devant son miroir*, 1913), qui par leur géométrisation opposant le convexe et le concave et l'ajout de peinture sont proches des œuvres de Picasso. Associé aux cubistes, il participe à l'exposition de la Section d'Or*, puis aux Indépendants de 1914, où il provoque les réactions les plus vives de la critique. Apollinaire, attaqué par ses confrères pour l'avoir soutenu, n'hésite pas à démissionner de *L'Intransigeant* en guise de protestation.

Archipenko, *Danseuse*, 1912, mortier patiné à l'aide de pigments, 46,5 x 12,5 x 11,5 cm. Paris, Centre Georges Pompidou.

« Art nègre, connais pas ! » (*Revue Action*, 1920). L'assertion de Picasso, fait aujourd'hui sourire, sachant que dès 1907, on en dénombre une centaine de pièces dans son atelier. Les cubistes, par leur attirance pour l'art tribal d'Afrique, participent à la vague du primitivisme qui débute avec le symbolisme (1890) et prend fin avec l'expressionnisme abstrait américain (1940). Mais, à l'instar de Gauguin – inspiré par la dimension philosophique de l'art polynésien – et des fauves – séduits par les qualités instinctives de l'art africain – les cubistes, en 1907, sont surtout en quête de solutions plastiques.

La découverte d'objets de « Côte d'Ivoire, du Gabon et du Congo [alors en circulation] dans les cercles artistiques parisiens » (Rodhes) incite dès 1905 Vlaminck et Matisse, bientôt suivis par Derain et Picasso, à collectionner. À l'origine d'un véritable choc, les sculptures* anti-réalistes africaines, révèlent à ceux-ci un moyen de rompre avec la tradition naturaliste occidentale, héritée de la figure romaine depuis la Renaissance. Dès 1907, l'assimilation plastique apparaît dans *Le Nu bleu souvenir de Biskra* de Matisse*, *Les Baigneuses* de Derain*, et *Les Demoiselles d'Avignon** de Picasso*. Désormais, peintres et sculpteurs s'emploient à reprendre le principe de l'art africain – montrer ce que l'on connaît et non ce que l'on voit –, qui devient le premier fondement du cubisme. La vision d'une statuette Vili appartenant à Matisse conduit Picasso* à une réflexion qui va mûrir tout au long du cubisme. Suite à une visite au Musée du Trocadéro en 1907, il remanie *Les Demoiselles d'Avignon* en leur attribuant le caractère « rationnel » (Salmon*) qui le fascinait. Puis, il s'engage dans une période africaine (1907-1909) durant laquelle, par une interrogation des figures, notamment de Kota (Congo) (*Femme nue aux bras levés*, 1907), il matérialise les trois dimensions du motif au sein d'un espace court (*La Dryade*, 1908). En 1912-1913, il s'inspire des formes inversées d'un masque Wobé (dit aujourd'hui Grebo, Côte d'Ivoire), et rompt avec la fonction imitative de la sculpture (*Guitare*, 1912). Peu après, des sculpteurs comme Lipchitz (*Figure démontable*, 1915) et Brancusi* (*Adam et Éve*, 1916-1921) s'emparent des formes abstraites propres aux œuvres africaines, introduisent de la peinture dans leurs œuvres et, par un dialogue avec la peinture, elle-même partie de l'art africain, font accéder la sculpture à un mode conceptuel.

Masque Grebo ayant appartenu à Picasso. Paris, musée Picasso.

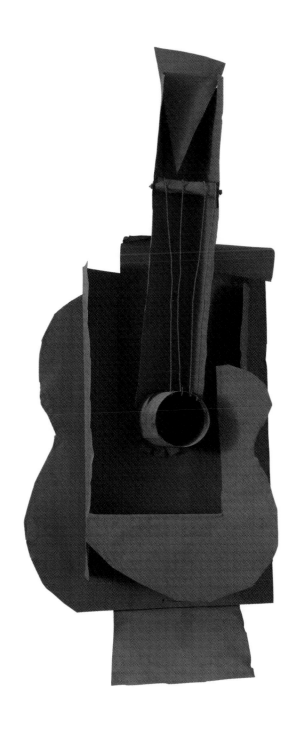

Pablo Picasso, *Guitare (construction)*, 1912,
tôle et fil métallique, 77,5 x 35 x 19,3 cm.
New York, Museum of Modern Art.

▨ Assemblages
Voir construction*.

▨ Ateliers
Pendant la période cubiste, certains ateliers deviennent de véritables foyers artistiques, phénomène qui va faciliter la propagation du mouvement. Dès 1904, dans l'atelier de Picasso* situé au 14 rue Ravignan à Montmartre, se forme un cercle d'artistes. Surnommé le Bateau-Lavoir, par Jacob*, c'est dans cet endroit vétuste que l'Espagnol et sa compagne, Fernande Olivier, reçoivent quotidiennement jusqu'en 1909 les poètes Apollinaire*, Jacob, Raynal, Reverdy, les artistes Gris*, Braque*, Derain*, puis Metzinger* et Marcoussis*, mais aussi les marchands et collectionneurs Stein, Kahnweiler*

Pablo Picasso dans son atelier du Bateau-Lavoir, vers 1908. Photographie Burgess Gelett.

et Udhe. C'est ici que Matisse*, à l'automne 1907, découvre avec les habitués *Les Demoiselles d'Avignon*, puis au début 1908 une œuvre qu'il qualifie de premier tableau cubiste, *La Baie de L'Estaque* (1907) selon Daix. Et c'est ici que naît le cubisme, à travers la cordée de Braque et Picasso. Du côté de Montparnasse, on trouve une autre installation aussi rudimentaire que la première : la Ruche. Située passage Dantzig, elle accueille nombre d'artistes proche du cubisme, tels que Laurens, Léger*, Archipenko*, Lipchitz, Zadkine et Cendrars* qui y travaillent entre 1908 et 1910. Enfin, le dernier est l'atelier de Villon* ; jouxtant lui aussi d'autres ateliers, il est situé rue Lemaître à Puteaux. Beaucoup plus organisé que les artistes

précédents, Villon constitue un foyer artistique afin de justifier les nouvelles directives de la peinture. Ainsi, chaque dimanche, se réunissent entre 1911 et 1914 les artistes Duchamp-Villon*, Duchamp*, Delaunay*, Gleizes*, Gris, Kupka, Le Fauconnier, Léger, Metzinger et Brancusi, mais aussi Princet*, Salmon* et Apollinaire. Ce groupe est reçu par Gleizes dans son atelier de Courbevoie à partir de 1911. Gleizes, qui appréciait les échanges, avait déjà fondé en 1906 l'Abbaye de Créteil avec le poète et critique d'art Alexandre Mercereau, foyer artistique littéraire où se retrouvaient Roger Allard, Henri Barzun, Jules Romain et parfois quelques peintres, comme Brancusi et Metzinger.

Autonomie du tableau

Le désir d'autonomiser l'œuvre d'art, déjà manifesté chez Gauguin, Cézanne*, et les fauves, ne fut réalisable qu'à partir du moment où les peintres se sont libérés des préjugés spatiaux et figuratifs hérités de la Renaissance. Bien que chez les fauves la couleur* soit devenue autonome à l'égard du réel, on ne peut pour autant parler d'art autonome. En effet, la première expression d'un art autonome n'apparaît qu'avec le cubisme, qui nous fait passer d'un art perceptuel à un art conceptuel.

Le cubisme, en engendrant un espace conceptuel, témoigne d'une autonomie à l'égard du réel. En effet, le tableau n'étant plus « une fenêtre ouverte sur le monde » (Alberti), il n'est plus reconnaissable immédiatement, mais nécessite l'intervention de l'esprit. Évoluant selon sa propre logique, qui le conduit à

Picasso, *Verre, pommes, livres*, 1911, huile sur toile, 220 x 450 cm. Paris, musée Picasso.

affirmer l'indépendance de la couleur, de la forme et de l'espace, les objets* qu'il contient ne sont plus présentés d'un seul coup et font appel à l'intelligence du spectateur pour être reconstitués (papiers collés*). Ainsi, dans l'espace réflexif du cubisme synthétique, le tableau passe du « trompe-l'œil » au « trompe-l'esprit » (Picasso*).

Mais l'œuvre affirme aussi son indépendance à l'égard de l'artiste – avec l'intrusion des lettres* peintes au pochoir, d'objets réels et l'emploi de Ripolin – en ne faisant plus appel directement à sa main et à son savoir-faire. Dans cette logique, Braque* et Picasso, en quête d'un art anonyme, dépersonnalisent l'acte créateur en refusant de signer leurs toiles. Ainsi, évoluant selon une logique interne, l'espace cubiste affirme son indépendance à l'égard du spectateur, mais aussi à l'égard de l'artiste.

Dès lors, l'art n'est plus une affaire de sensibilité artistique, ni même de savoir-faire, mais l'aboutissement d'un processus supérieur. Toutefois, il n'y aura de véritable autonomie à l'égard du réel qu'avec l'apparition de l'abstraction*.

« Quand nous étions très liés avec Picasso, il y a eu un moment où nous avions du mal à reconnaître nos toiles. [...] Je jugeais que la personne du peintre n'a pas à intervenir et que par conséquent les tableaux devaient être anonymes. C'est moi qui décidai qu'il ne fallait pas signer les toiles et pour un certain temps Picasso en fit autant. ».

(Braque à Dora Vallier, « Braque la peinture et nous », *Cahier d'Art*, n°I, 29ᵉ année, 1954, p. 18)

■ Brancusi (Constantin)

Né à Pestisani (Roumanie), Constantin Brancusi (1876-1957) étudie la sculpture* à l'École des Arts et Métiers de Craïova (1894), puis à l'École des Beaux-Arts de Bucarest (1902). En 1904, il se rend à pied à Paris, où il s'installe.

Désigné comme le quatrième sculpteur cubiste par Apollinaire* après Archipenko*, Duchamp-Villon* et Agero, dans *Les Peintres cubistes*, il entretient avec le mouvement un rapport ambigu.

Très vite, les rencontres de Matisse*, du Douanier Rous-

Brancusi, *Princesse X*, 1916, bronze poli, 56,5 x 42 x 24 cm. Paris, Centre Georges Pompidou.

seau, de Modigliani, de Léger* et la découverte de la statuaire bouddhique, égyptienne, africaine* l'incitent à rompre avec la sculpture classique. Dès 1908, il rejette l'influence de Rodin en opposant un art anti-expressionniste (*La Sagesse de la terre*). Puis, en 1909, il réalise *Baiser* aux formes géométrisées. Affirmant une volonté de créer une sculpture conceptuelle libérée de toute référence au sensible, il rejoint le cubisme et la conception « d'art pur » d'Apollinaire.

Mais, contrairement aux sculpteurs cubistes qui décomposent le réel et le recomposent synthétiquement, il parvient à la synthèse de la forme par une épuration absolue. Cette technique est rendue flagrante dans la série de la *Muse endormie* (1909-1912) ou de la *Princesse X* (1916), où la jeune fille courbée d'origine devient phallus.

Présent dans les groupes d'avant-garde, à l'Abbaye de Créteil, aux dîners des artistes de Passy, à la Closerie des Lilas, il partage avec eux le désir de révolutionner la sculpture, qu'il concrétise d'une façon personnelle. Fidèle aux réunions de Puteaux, il se lie avec Duchamp* et s'intéresse à la question du mouvement : « En voilà une sculpture ! la sculpture dorénavant ne doit pas être inférieur à cela ! » s'écrit-il en voyant une hélice au Salon de l'Aviation (cité par M. Tabart).

D'une façon originale et révolutionnaire, il parvient à créer une sculpture vibrante, dynamique, ouverte, par une technique de polissage du matériau. Adepte des socles, il réalise des support « absolument splendides [...] Des œuvres en soi » (Roché).

■ BRAQUE (GEORGES)

Georges Braque naît en 1882 à Argenteuil, avant de s'installer au Havre avec sa famille en 1890. À l'âge de seize ans, il est apprenti peintre décorateur chez son père et suit parallèlement des cours à l'École municipale des Beaux-Arts. En 1902, il s'installe à Montmartre et se consacre pleinement à la peinture. Inscrit à l'Académie Humbert et à l'École des Beaux-Arts, il s'intéresse aux impressionnistes (*Les Marines*, 1902). Marqué par les toiles de Matisse* et Derain*, exposées en 1905 au Salon d'Automne, il expérimente le fauvisme en 1906, au sein d'œuvres qui révèlent son sens structural (*Le paysage de La Ciotat*,1906). Suite à la découverte en 1907 des œuvres construites de Derain et de Cézanne*, il renonce au fauvisme.

Soucieux d'engendrer un espace capable de mener les objets* vers le spectateur, il engage ainsi une recherche qui prend appui sur la destruction de la perspective*. Ce sont les prémices du cubisme.

Dès l'automne 1907, il effectue le « renversement de perspective » (Daix). Puis, séduit par certaines innovations des toiles primitivistes de Picasso*, notamment par l'intégration de la forme au fond du *Nu à la draperie*, il les reformule dans le *Grand Nu*. Suite à l'exposition chez Kahnweiler* (novembre 1908) où Vauxcelles* voit des « petits cubes », l'artiste, attiré par « la matérialisation de cet espace nouveau » (Braque), engage avec Picasso l'aventure du cubisme. Afin de « toucher les objets », il étudie « l'espace tactile » des natures mortes (1908) et peint des

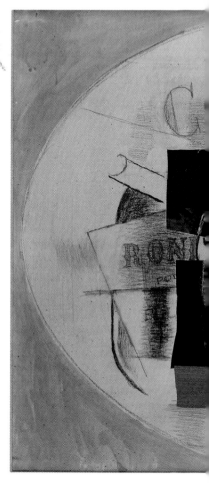

instruments de musique (1909) qui ont la « particularité de [s'] animer [lorsqu'on les] touch[e] » (Braque). En 1910, il parvient, par sa façon personnelle de fragmenter ses compositions, à peindre un espace vibrant, capable de propulser l'objet vers le spectateur (*Bouteilles et poissons*). La synthèse de l'espace et des objets opérée, l'espace contenant de la perspective est détruit. Pour lutter contre la profondeur, il mêle à la

peinture différente matière (sciure de
bois…) qui ont la faculté de créer du
relief. En inventant en 1912 le papier
collé*, il oppose à l'espace creux de
la perspective un espace résolument
plat, où l'objet semble sortir de la surface plane (*La Guitare, statue d'épouvante*, 1913). Dans un langage maîtrisé,
il reformule ces innovations dans les
huiles de 1914 (*Homme à la guitare*,
1914) et s'impose comme le maître de
la révolution spatiale du cubisme.

La Guitare, statue d'épouvante, 1913, papiers
collés, fusain et gouache,
73 x 100 cm. Paris, musée Picasso.

■ Cendras (Blaise)

Le poète et écrivain Frédéric Sauser Cendrars, dit Blaise, a grandement contribué au renouvellement de la poésie grâce à sa collaboration étroite avec les peintres.

Né à La Chaux-de-fonds (Suisse) en 1887, Cendras vit tout d'abord dans différents pays d'Europe avec ses parents, jusqu'à ce qu'il soit envoyé en Russie (1904) comme apprenti courtier (J. Chadoune). Il commence alors une vie de bohème à travers le monde, puis finit par s'installer à Paris en 1912.

Pour subvenir à ses besoins, il effectue différents travaux, dont la traduction des *Mémoires d'une chanteuse allemande*, « une des plus célèbres nymphomanes de l'Europe

galante » (Cabanne), et fonde la revue *Les Hommes Nouveaux*, dans laquelle paraît *Pâques à New York*. Séduit par l'*Hérésiarque* d'Apollinaire*, il s'empresse d'envoyer un exemplaire à celui-ci. Séduction réciproque puisque son œuvre influence la rédaction du poème *Zone*, publié en mars 1913 en tête d'*Alcools*. Devenus proches, Apollinaire introduit Cendrars dans le milieu des poètes en rupture avec le symbolisme et dans celui des peintres d'avant-garde. Ambitionnant de renouveler la poésie* à la lumière de la nouvelle peinture, Cendrars publie ses poèmes au sein de la revue des *Soirées de Paris** (fin 1912).

Au cours d'une fête organisée par Apollinaire en 1913, il rencontre Sonia Delaunay* qui réalise une reliure simultanée des *Pâques à New York* (1912). Avec Sonia, commence une véritable collaboration artistique visant à établir des parallèles entre les nouvelles directives de la peinture et de la poésie. Ses robes simultanées* lui inspirent le poème *Sur la robe elle a un corps* (1914), puis ils réalisent ensemble le premier livre simultané : *La prose du transsibérien et de la petite Jehanne de France* (1913). Ayant perdu un bras à la guerre, Cendrars revient à Paris en 1915. Proche des Delaunay, Léger*, Braque*, Picasso*, Éric Satie et Stravinsky, il leur consacrera différents poèmes, dont *Dix Neufs poèmes élastiques* (1918), et des articles, notamment dans *La Rose rouge*, revue à laquelle il collabore en tant que secrétaire de rédaction à partir de 1919.

Cézanne, *L'Amour en plâtre*, 1895, huile sur toile, 63 x 81 cm. Stockholm, National Museum.

Photographie de Blaise Cendrars (à l'époque de son voyage en Russie, 1904-1907).

■ CÉZANNE
Le père du cubisme

« Cézanne ! Il était notre père à tous. » Cette assertion de Picasso* révèle à quel point Paul Cézanne (1839-1906) a marqué la peinture française d'avant-garde. Bien qu'exposé dans les galeries et suscitant l'intérêt de collectionneurs, l'impact de Cézanne sur les nouveaux peintres n'a lieu qu'après la Rétrospective du Salon d'Automne de 1904. Matisse* et Derain* reprennent à leur compte la violence de ses toiles et engendrent le fauvisme (1905). Les deux rétrospectives organisées chez Berheim-Jeune puis au Salon d'Automne en 1907, et la publication de sa lettre à É. Bernard dans le *Mercure de France* (« traitez la nature par le cylindre, la sphère et le cône ») orientent la peinture des futurs cubistes qui commencent à géométriser les volumes des objets*. Reprenant les innovations de la période constructive (1878-1895) de Cézanne, ils posent les bases du cubisme. Sorti de l'attitude passive du peintre, le Maître d'Aix avait en ces années décortiqué les objets en les regardant sous plusieurs angles – d'où les brisures qui apparaissent sur les objets peints –, pratiqué une perspective* cavalière (*L'Amour en plâtre*, vers 1895) et réalisé la synthèse de l'espace et des objets grâce à un glissement dans l'abstraction*.

C'est en radicalisant ses pratiques que les nouveaux peintres vont créer le cubisme. Bientôt, la synthèse de différents points de vue est réalisée (Picasso, *Pains et compotier aux fruits sur table*, 1908-1909). La perspective est renversée (Braque*, *Maisons à l'Estaque*, 1908). Enfin la synthèse des objets et de l'espace poussée à l'extrême en 1910 aboutit aux prémices de l'art abstrait. Les cubistes matérialisent le désir d'autonomie* picturale resté latent chez Cézanne. Attiré par le Cézanne constructeur, chaque peintre en donne cependant une interprétation personnelle. Delaunay*, selon lequel il a « brisé le compotier », accepte « la destruction de l'objet comme définitive » (Frankastel). Braque et Picasso, s'ils affectionnent sa technique du « passage » qui assouplit les compositions, ne renonceront jamais à l'objet.

■ Cinéma

Symbole du XXᵉ siècle, le septième art ne peut manquer d'attirer l'attention des cubistes. Dès 1909, Apollinaire*, Picasso* et Jacob* se rendent dans un cinéma, rue de Douai. En 1913, Picasso découvre à Montparnasse les séries de *Fantômas* et les films de Chaplin. Bien plus qu'un divertissement, le cinéma intéresse les peintres par les solutions qu'il apporte, à savoir l'intégration du mouvement, et le respect de l'objet. Daix établit un lien entre les effets de zoom et les grossissements appliqués en 1913-1914 par Picasso (*Le Peintre et son modèle*, 1914). Effet de zoom

Léger, *Le Charlot cubiste*, vers 1924, éléments de bois peint assemblés par des clous, 70 x 30 x 5 cm. Paris, Centre Georges Pompidou.

qui bouleverse Léger* : « C'est le gros plan qui m'a fait tourner la tête... » (« Léger par Dora Vallier », *Cahier d'Art*). Canudo, ex-directeur de la revue *Montjoie*, crée en 1921 le Club du septième art, auquel participent Léger et Cendrars* et qui a pour vice-président Abel Gance.

Les poètes s'y intéressent également activement. En 1919, Cendrars publie *La Fin du monde filmée par l'ange Notre Dame*, puis *L'ABC du cinéma* (1921), et assiste A. Gance sur le tournage de *La Roue* (1923). Jacob publie *Cinématom*. Les artistes intéressés par le dynamisme contribuent à des projets cinématographiques. Delaunay* illustre un projet d'*Orgues lumineuses* d'A. Gance (1913). Précurseur du cinéma artistique dès 1912, Survage imagine de créer un film constitué d'une « succession de 1 000 à 2 000 images pour trois minutes de projection » (H. Seyrès), à partir de ses *Rythmes colorés*. Projet retenu par Gaumont, mais qui ne verra pas le jour. Léger enfin, fasciné par Chaplin, construit un pantin articulé, « Charlot cubiste », destiné à être le héros d'un film d'animation portant son nom. Il ne réalise que quelques scènes qu'il intègre au *Ballet mécanique*, premier film cubiste où alternent « des séquences répétitives d'objets ou de personnages en gros plan sans que jamais ne se perçoive un espace illusionniste ; [...] les êtres et les choses ont perdu toute signification et toute fonction. Ce ne sont plus que des formes en mouvement au même titre que les successions de chiffres ou de lettres* avec lesquelles ils alternent. » (H. Lassale).

COLLAGE
La révolution picturale

En insérant un morceau de toile cirée imitant le motif d'un cannage de chaise dans la *Nature morte à la chaise cannée** en 1912, Picasso marque une des plus importantes étapes de l'histoire de l'art du XXᵉ siècle à savoir l'invention du collage. « Le propre du collage est l'insertion d'un corps étranger dans un contexte donné, et pas seulement dans un autre matériau, mais d'un autre style ». (Rubin).

D'une part, il détruit l'illusion picturale : il n'est plus besoin d'imiter la réalité mais de l'incorporer. D'autre part, le tableau n'est plus réservé à la matière picturale, il accepte désormais des matières déjà prêtes qui ne requièrent pas le savoir-faire du peintre. Enfin, la toile devient un lieu où cohabitent des espaces différents. Ainsi, en détruisant la peinture de chevalet, le collage participe de la façon dont les cubistes concevaient leurs œuvres, c'est-à-dire comme des objets autonomes, et légitime l'existence de la peinture, mise à mal depuis

Juan Gris, *Le Lavabo*, 1912, 130x 89 cm. Paris, collection Vicomtesse de Noailles.

l'apparition de la photographie. En effet, la peinture abandonne son statut d'espace esthétique capable de nous renvoyer une belle image de nous-même, pour adopter celui d'espace réflexif, en devenant apte à nous faire réfléchir sur le monde.

Gris* est le premier à comprendre la portée révolutionnaire du collage. Il intègre un morceau de miroir dans *Le Lavabo* (1912), bientôt suivi par Derain* (*Le Cavalier X*, 1914) et Laurens. Cette technique laissera indifférents de nombreux cubistes (Léger* et Delaunay*…).

Dans le cadre du cubisme, le collage donne lieu à une série d'inventions ; le papier collé*, par exemple, se démarque en permettant un nouvel agencement spatial destiné à distinguer forme et couleur ; tandis que le collage vaut pour la matière réelle qu'il introduit. Il débouche aussi sur les constructions*, matérialisations concrètes de la capacité de l'espace cubiste à accepter des objets* réels en trois dimensions. Repris par les mouvements surréaliste et dada, il donnera lieu à de nouvelles inventions, comme les *Ready Made* et les « objets trouvés » dada.

Constructions

Élaborées au départ en tant qu'« expérience pour enrichir et organiser sa peinture », les premières sculptures* en papier sont imaginées par Braque* en 1911 (Zervos). Objets* fragiles en trois dimensions, aujourd'hui toutes détruites, elles sont à l'origine de multiples inventions visant à introduire du relief dans la peinture (sable, sciure de bois...). Elles valent à Braque le surnom de « Wilbourg » (Wilbur Wright) donné par Picasso*, ces œuvres lui évoquant les biplans de l'aviateur, alors très en vogue. En octobre 1912, Picasso, un peu à la traîne, réagit en inventant les constructions, avec *La Guitare*, constitué de carton, de ficelle et de fil de fer (voir art africain* pour la version en tôle).

Les termes d'« assemblage » et de « construction » étant employé différemment selon les historiens, nous nous rapportons à la distinction W. Rubin : le terme « construction » est employé pour les œuvres durables et celui d'« assemblage » pour les œuvres éphémères. Ainsi les constructions sont une généralisation du collage – dans la mesure où elles associent des objets déjà fabriqués –, élargie dans le domaine des œuvres à trois dimensions. Souvent recouvertes de peinture, elles se situent à la frontière de la peinture et de la sculpture (*Le Violon*, 1915, Picasso), et permettent à l'objet cubiste de sortir de la surface plane. Dans une attitude similaire, Archipenko* réalise des sculpto-peintures (*Le Caroussel de Pierrot*, 1913) recouvertes de peinture. Puis il effectue des constructions, au sein desquelles il insère des éléments réels qui ne nécessitent aucun savoir-faire de la part du sculpteur : un miroir dans *Femme devant son miroir* (1913).

Quant aux assemblages pratiqués par Picasso en 1913, ils furent surtout un moyen de vérifier la cohabitation possible entre objets cubistes et espace réel. Objets fragiles dont il ne reste que des photographies (voir *Braque et Picasso, L'Invention du cubisme*, Rubin), elles sont de véritables installations. Ainsi, on peut voir un guitariste cubiste dessiné prolongé par des bras découpés dans du papier-journal qui tiennent une guitare réelle près d'une vrai table.

Cette cohabitation retranscrite en peinture par Picasso en 1913 (*Femme en chemise dans un fauteuil*) le conduit à prendre conscience que l'espace cubiste contient en lui l'espace perspectiviste. Découverte capitale qui signe l'aboutissement du cubisme.

> « *Tout cela faisait d'elle pour moi quelque chose d'entièrement différent du reste de la ville : un édifice occupant, si l'on peut dire, un espace à quatre dimensions la quatrième étant celle du Temps.* »

(Marcel Proust, *Du côté de chez Swan*, 1914, à propos de l'église de Combray)

Picasso, *Le Violon*, 1915, tôle peinte et fil de fer, 100 x 63,7 x18 cm. Paris, musée Picasso.

> *« J'ai senti que la couleur pouvait donner*
> *des sensations qui troublent un peu l'espace,*
> *c'est pour cela que je l'ai abandonné. »*

(Braque à Dora Vallier, « Braque la peinture et nous »,
Cahier d'Art, n°I, 29ᵉ année, 1954)

■ Couleur

Bien que connaissant une première exaltation pendant le
fauvisme (1905-1907), la couleur est minimisée durant le
pré-cubisme et le cubisme analytique (1908-1912) au profit
de la construction d'un nouvel
espace. Afin de supprimer la
profondeur, Braque* et
Picasso*, mais aussi Gleizes*,
Delaunay*, Léger* évincent la
couleur jusqu'en 1912, parce
qu'elle agit sur l'espace et crée
des volumes. Conscients de
l'aspect peu attrayant de leurs
tableaux induit par ce sacri-
fice, ils vont ensuite tenter de
la réintégrer. Mais comment
rétablir là couleur sans désta-
biliser l'espace nouveau ?
En la traitant autrement que les
artistes académiques, c'est-à-
dire non plus en la considérant
comme un moyen soumis à la

perspective* et aux effets de
lumière, mais en lui redonnant
une existence picturale propre.
Dès 1910, Picasso effectue plusieurs tentatives infructueuses,
puis parvient à la rétablir sans
nuire à ses agencements spatiaux en 1912. Mais la couleur
n'a encore qu'une valeur décorative. C'est seulement avec les
papiers collés* que les pionniers
parviennent à leur fin. Dès
1912, ils commencent à faire
appel à l'esprit de synthèse du
spectateur. Dès lors, il n'est plus
besoin de présenter l'objet*
complet ou de figurer tous ses
éléments en même temps. Parce
qu'il permet de dissocier la
forme et la couleur, le papier
collé a cette faculté de montrer
la couleur de l'objet sur le
papier (*Feuille de musique et
guitare*, 1912, Picasso) et les
formes de l'objet à travers le

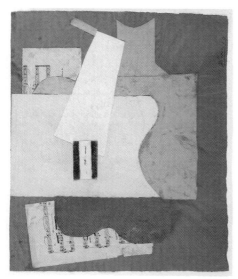

Picasso, *Feuille de
musique et guitare*,
1912, papiers
collés et épinglés
sur carton,
42,5 x 48 cm.
Paris, Centre
Georges
Pompidou.

dessin. De cette façon, Braque et Picasso affirment l'autono-mie* de la couleur.

De même en 1912, les artistes hétérodoxes soucieux de repré-senter le dynamisme moderne, à l'exception de Duchamp*, vont réhabiliter la couleur tout en lui conférant une réelle dimension. Chez Léger, elle devient une des « trois grandes quantités plastiques » avec « les lignes, les formes » nécessaires au « réa-lisme* pictural », seul garant de « la qualité d'une œuvre d'art ». Chez Delaunay, elle devient même l'élément exclusif du tableau, garant de l'expression de l'espace et du dynamisme.

Robert Delaunay, *La Tour Eiffel rouge*, 1911, huile sur toile, 162,5 x 130,8 cm. Art Institut of Chicago.

■ Delaunay (Robert)

Né en 1885 dans le faste de la bourgeoisie parisienne, le futur peintre Robert Delaunay reçoit d'abord une formation de décorateur.

Autodidacte séduit par le modernisme du début du siècle, il se passionne pour les peintres anti-académiques. Les recherches luministes de Monet le mènent tout d'abord à une phase impressionniste qui commence en 1903. Sous l'influence de Seurat et de Van Gogh, il peint en 1905 des toiles aux structures solides, puis fortement colo-rées en 1906.

Réformé du régiment de Laon en octobre 1908, il s'installe dans un atelier* parisien de la rue du Louvre. Il découvre en novembre chez Kahnweiler*, les toiles de Braque* et de Picasso*. Momentanément stupéfait par leur absence de couleur*, il est vite tenté par la démarche révolutionnaire de ces peintres.

Dès 1909, il entame la *Série Saint Séverin* et propose un cubisme cézannien proche de celui de Montmartre. Dans une palette restreinte, il se soucie des problèmes de perspectives* et de structuration de l'objet*.

Après son mariage avec Sonia Terk en novembre 1910, Delaunay propose un cubisme singulier. Il se rapproche alors de son but de « peinture pure » en parsemant la surface des toiles de blocs de couleur (*La Ville n° 2*).

Puis, dans la série des *Villes et des Tours*, il étudie la vibration de la lumière. Il s'éloigne ainsi de la volonté cubiste de montrer la totalité de l'objet, en imposant un ordre nouveau révélant le dynamisme de l'objet (*La Tour Eiffel rouge*, 1911).

Soucieux de modernisme, il participe aux discussions dominicales de la bande de Puteaux. Delaunay clôt sa période cubiste, en présentant aux Indépendants de 1912 *La Ville de Paris*. De facture cubiste, la toile annonce la construction par la couleur, futur pivot de son œuvre. La couleur, bientôt autonome, sera, par le jeu de contrastes simultanés* colorés, à l'origine de formes inédites (*Le Disque*, 1912-1913) et de l'abstraction*. C'est la naissance de l'orphisme*.

■ Delaunay (Sonia)

Née en 1885 en Ukraine, Sonia Terk fait des études à Saint-Pétersbourg, puis à Karlsruhe. Installée à Paris en 1906, elle expose chez Wilhelm Udhe des œuvres influencées par Gauguin et Van Gogh, révélant son goût pour les couleurs* franches.

Elle se marie avec Robert Delaunay* en 1910, et construit avec lui un lien profond, tant sur le plan artistique que personnel. Leur installation rue des Grands Augustins et la naissance de leur fils Charles la détourne jusqu'en 1912 de la peinture. Temps précieux où elle libère sa créativité dans l'aménagement de son appartement. Libérée de la contrainte d'exposer, elle passe ainsi sans difficulté à un art inobjectif.

Peu intéressée par l'évolution du cubisme, elle en retient cependant la possibilité d'abstraction*. Elle applique les recherches des contrastes simultanés* de Robert sur des abat-jour, coussins, tentures, couverture, en juxtaposant des morceaux de tissus géométriques aux couleurs contrastées. À partir de 1911, elle crée des reliures fondées sur ce même principe. Devançant la technique du papier collé* de Braque*, elle associe des matériaux variés colorés sur lesquels elle appose parfois de la peinture. Pour Apollinaire*, elle fabrique en 1911 celle de l'*Hérésiarque et Cie*. Puis, en 1913, elle réalise la couverture et les œuvres du premier « livre simultané », *La Prose du Transsibérien et la petite Jehanne de France* écrit par Cendrars*, où la peinture fait écho au texte. Réalisation inédite où, précisent-il, « le simultanéisme de ce livre est

dans sa présentation simultanée et non illustrative. Les couleurs et le texte forment des profondeurs et des mouvements qui sont d'inspiration nouvelle. » Parallèlement, elle confectionne des costumes et des robes.

Elle étend ainsi les recherches picturales de Robert au domaine de la mode*, où elle se fait bientôt une véritable renommée. À partir de 1912, elle applique ses découvertes au domaine pictu-ral, reprenant certaines techniques cubistes, comme le collage* (*Collage sans titre*, 1912-1913) et l'intégration de lettres* (*La Femme à l'ombrelle*, 1914). Puisant son inspiration dans l'impact de la lumière électrique sur les couples dansants (*Le Bal de Bullier*, 1913) ou sur la foule (*Prisme électrique*, 1914), elle s'impose, au même titre que son mari, comme la fondatrice de l'orphisme*.

Sonia Delaunay, *Collage sans titre*, 1912-1913, collage de papiers divers sur carton, 43 x 31,5 cm. Paris, Centre Georges Pompidou.

■ DEMOISELLES D'AVIGNON (LES)

(Pablo Picasso)

En juillet 1907, Picasso* achève une toile de très grand format, entreprise durant l'hiver, qui rompt brutalement avec tout ce qui avait été fait auparavant. Baptisée à l'origine *Le Bordel d'Avignon* en souvenir de la carrer d'Avinyo – rue chaude de Barcelone –, elle prend le nom de *Demoiselles d'Avignon* en 1916. Il ne reste plus que cinq femmes nues sur la toile qui à l'origine comprenait sept figures, dont deux hommes prêts à consommer un amour vénal. Peu à peu, le peintre a délaissé le récit – principe narratif classique – pour se concentrer sur les innovations formelles qu'il comptait apporter aux figures et à l'espace. Néanmoins, c'est une scène de bordel.

Matisse*, Derain*, Braque*, Apollinaire*, qui découvrent la toile dans l'atelier* du Bateau-Lavoir, la perçoivent comme un terrorisme. Le contenu – des prostitués nues aux corps mutilés – et le traitement de l'espace et des figures, qui rompent radicalement avec l'art traditionnel, sont à l'origine de cet effroi.

Picasso a lui-même vu en cette œuvre un acte d'exorcisme. Sans doute a-t-il traduit ses peurs du vice et de la maladie par les visages des figures de droite « dont les déformations évoquent les lésions atroces de la syphilis » (Golding). Mais depuis 1906, il entend surtout trouver une nouvelle représentation de la figure humaine. Les figures de gauche, aux formes schématisées, poursuivent les recherches engagées autour de l'art ibérique à cette époque. Elles témoignent déjà du désir du peintre de saisir l'essence des figures. Mais c'est avec les figures de droite, dans lesquelles Kahnweiler* a vu « le début du cubisme », que Picasso accède à une représentation objective. Remaniées en juin 1907 suite à sa visite au Musée du Trocadéro, où sont présentés des objets* tribaux, elles reprennent un principe de l'art africain* qui consiste à montrer ce que l'on connaît et non ce que l'on voit. Le premier principe du cubisme naît ainsi avec la femme du bas à droite, en qui Picasso réalise une synthèse de différents points de vue. On passe d'un mode pictural perceptuel à un mode conceptuel.

L'espace quant à lui, engendré à partir des contours de deux types de figures, est sectionné en deux. Ces espaces abstraits, dénués de profondeur, rompent radicalement avec les règles de perspective* et le principe d'unité du style classique. Par la cohabitation de deux espaces, la toile s'inscrit dans la continuité du travail effectué jusqu'à la *Nature morte à la chaise cannée** (1912), œuvre qui débouche sur le cubisme synthétique.

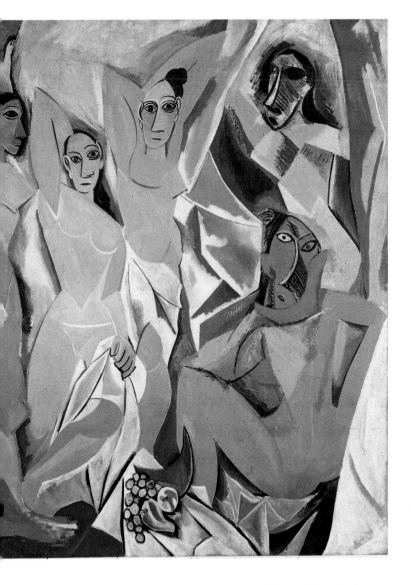

Pablo Picasso, *Demoiselles d'Avignon,*
1907, huile sur toile, 243,9 x 233,7 cm.
New York, The Museum of Modern Art.

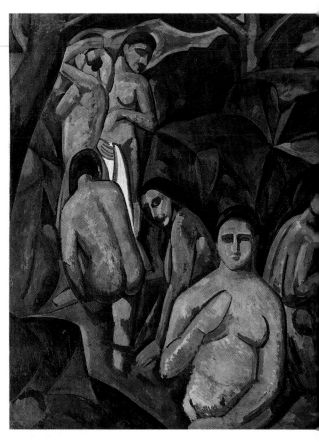

André Derain,
Baigneuses, 1907,
huile sur toile,
180 x 225 cm.
Collection
particulière.

■ Derain (André)

Dans un article du *Sturm* (1913),
Apollinaire* écrit : « Le cubisme
de Picasso* sort d'un mouvement
qui a pris naissance avec André
Derain. » En effet, les recherches
que ce dernier effectue en 1907
jouent un rôle considérable dans
l'avènement du cubisme de
Picasso, mais aussi de Braque*.
Né à Châtou en 1880, André
Derain renonce à une carrière
d'ingénieur afin de devenir
peintre. Autodidacte, il se rend
chaque jour au Louvre, avant de
s'inscrire à l'Académie Camillo
(1898), puis à celle de Julian
(1904). Entre-temps, il rencontre Matisse* et Vlaminck,
dont l'intérêt commun pour Van
Gogh et l'art africain* les conduit
à créer le fauvisme (1905).
Apprenant à représenter la
lumière sans ombre et à délaisser
la technique pointilliste, il peint
des toiles de tons purs (*Bateaux
dans le port de Collioure*, 1905).
En 1906, il est bouleversé par sa
visite du musée nègre de Londres
– « affolant d'expression » – et
part à l'Estaque retrouver l'essentialisme cézannien, sans doute
découvert chez Vollard.
Braque, qui découvre ses paysages
très construits, libérés du réel et
réduits au contraste des volumes
durant un séjour à Cassis en
1907, renonce au fauvisme. Parallèlement, Derain expose les *Baigneuses* (1907) au Salon des Indépendants et fait scandale. Ses
figures découpées abruptement
sous l'influence de l'art africain,
logées dans un espace abstrait peu
profond, laissent penser que
Picasso a vu cette toile avant
d'achever les *Demoiselles d'Avignon*. En tout cas, c'est Derain qui

l'Art Moderne dans laquelle paraît également en 1913 *Les Peintres cubistes** d'Apollinaire. Écrit par Albert Gleizes* et Jean Metzinger*, il est le premier ouvrage à tenter de cerner les directives du cubisme. L'écriture du livre fut hâtée par la publication d'un manifeste et de l'exposition futuriste en février 1912. Il fut élaboré afin de permettre au public de mieux comprendre le mouvement, public qui avait jusque-là été informé par une critique hostile et découvrait à présent les attaques du mouvement italien. L'ouvrage avait aussi pour objectif de conserver la paternité de certaines caractéristiques du cubisme, que le futurisme* s'appropriait injustement. Bien qu'ayant connu un grand succès à sa sortie – il fut réimprimé sept fois avant la fin de l'année –, le livre, à l'image de l'œuvre de ses auteurs, mélange modernisme et traditionalisme, et révèle de nombreuses contradictions. Ainsi, il n'hésite pas, après

Albert Gleizes, photographié aux Bermudes.

conseille à Picasso de visiter le Musée du Trocadéro en juillet 1907. Ainsi, en tâchant de résoudre les problèmes picturaux qui se posaient après Cézanne – la figuration des volumes en trois dimensions sur une surface plane – Derain participe à la création du cubisme. En 1910, il peint des paysages (*Cadaquès*) proches de ceux réalisés à Horta del Ebro par Picasso en 1909, puis s'initie au papier collé (*Le chevalier X*, 1914). Mais, maintenant le spectateur à distance, il ne parvient pas à poursuivre la révolution du cubisme.

■ Du cubisme (Gleizes et Metzinger)
C'est en octobre 1912 que paraît aux éditions Figuières, l'ouvrage Du Cubisme, premier livre d'une collection entièrement dédiée à

une longue argumentation visant à montrer la supériorité du nouvel art sur la peinture imitative, à expliquer le cubisme à travers les propos de Léonard de Vinci. Limité au point de vue de Gleizes et Metzinger, qui n'ont jamais dépassé la géométrisation et la fragmentation, il a contribué à véhiculer une fausse image du mouvement. D'autant plus que les fondateurs n'exposaient pas à cette époque. La publication de l'ouvrage suscita le mécontentement de Kahnweiler*. Celui-ci, qui avait un contrat d'exclusivité avec Braque*, Picasso* et bientôt Léger*, dut penser qu'un ouvrage de cette sorte ne pouvait que discréditer le mouvement.

Marcel Duchamp, Yvonne et Magdeleine déchiquetées, 1911, ?????. musée de Philadelphie.

■ DUCHAMP (MARCEL)
L'espace de la quatrième dimension*

Issu d'une famille bourgeoise, Marcel Duchamp naît en 1887 à Blainville, près de Rouen. Ses frères aînés sont les futurs peintre Villon* et sculpteur Duchamp-Villon*. Admirateur de Monet, il peint des paysages impressionnistes (*Paysage à Blainville*, 1902). En 1904, il s'installe à Paris chez Villon, rue Caulaincourt. Il gagne alors sa vie en tant que dessinateur humoriste et s'inscrit à l'Académie Julian. La découverte de Matisse* au Salon d'Automne de 1905, puis de Cézanne* chez Vollard lui confirme sa vocation de peintre. Il peint d'une façon personnelle des œuvres tantôt cézanniennes (*Femme nue dans un tube*, 1910), tantôt fauves (*Portrait du Docteur Dumouchel*, 1910).

En 1911, il connaît une phase cubiste. Cette rencontre, bien que brève, est capitale tant pour le devenir de son art que pour le mouvement. En effet, s'il joue le jeu de la géométrisation des volumes, l'artiste enrichit la réflexion cubiste de nouveaux questionnements. Dans *Portrait de Joueurs d'Échecs* (1911), il étudie le problème de la transparence ; l'espace de l'objectivité permet ainsi de montrer un objet caché derrière un autre. Puis, dans *Yvonne et Magdeleine déchiquetées* (1911), il se confronte à la durée, les deux jeunes filles étant représentées à travers différents âges. Dès 1912, l'artiste, qui fréquente la bande de Puteaux, s'émancipe du cubisme trop statique. Gleizes* et Metzinger* jugent même son *Nu descendant un escalier n° 2* (1912) trop proche du futurisme* et lui demandent de le retirer des Indépendants de 1912. Dans cette œuvre, le peintre, inspiré par la chronophotographie de Jules Marey et le futurisme, matérialise une image statique du mouvement.

Au moment où Picasso* et Braque* constatent l'incapacité de la peinture à montrer le réel, prise de conscience qui débouche sur les collages* et papiers collés*, Duchamp expérimente son inaptitude à traduire une réalité trop mouvante. Il invente en 1913 les *Ready made*, et montre ainsi le mouvement* au sein d'une œuvre d'art (*Roue de Bicyclette*, 1913).

■ DUCHAMP-VILLON (RAYMOND)
Une sculpture* conceptuelle et dynamique

Exclure « la sculpture sentimentale et littéraire » et préférer « la ligne, le plan, le volume et la vie dans ses équilibres, ses cadences et ses rythmes » (« Manuscrit », Duchamp-Villon, in *Pradel*, 1960), telle est la ligne directrice de l'œuvre de l'artiste, qui justifie son intérêt pour le cubisme et le futurisme*. Né à Damville (Eure), Raymond Duchamp-Villon (1876-1918) a pour aîné Villon*, et pour cadet Duchamp*. En 1894, il renonce à des études de médecine pour découvrir en autodidacte sa vocation : le dessin, la sculpture et l'écriture. Installé à Paris, il fréquente grâce à Villon les artistes de Montmartre.

Tout d'abord marqué par l'Art Nouveau et Rodin, il s'interroge dès 1906 sur la traduction plastique du mouvement (*Joueurs de Football*, 1906) et procède à une schématisation des volumes (*Adam et Éve*, 1910). De 1910 à 1914, l'artiste produit des œuvres originales qui l'élèvent au rang des plus grands sculpteurs cubistes. S'impliquant activement dans la vie artistique, il organise avec ses frères les réunions de Puteaux, se rend dans l'atelier de Gleizes*, à la Closerie des Lilas, et aux dîners des artistes de Passy. Nourri d'échanges sur la chronophotographie, le futurisme*, l'art africain*, il produit des œuvres épurées et dynamiques. En 1912, il organise avec ses frères l'exposition de la Section d'Or*.

Raymond Duchamp-Villon, *La Maison cubiste*, 1912, encre violette sur papier vergé, 14 x 10 cm. Paris, Centre Georges Pompidou.

Suite à la demande de l'architecte André Marre, il réalise avec plusieurs artistes *La Maison Cubiste*, véritable clou du salon d'Automne 1912, et étend le cubisme à l'architecture. En 1913, il expose un bas-relief (*Les Amants*) aux formes quasi abstraites* au Salon des Indépendants. Puis il exécute en 1914 la série magistrale du *Cheval*, œuvre cubo-futuriste que Matisse* qualifie de « projectile ».

Sa dernière sculpture, *La Tête du professeur Gosset* (1917), un véritable chef-d'œuvre, fait ressurgir la réflexion cubiste sur les volumes induits par l'art africain. Proche d'Archipenko* et de Brancusi*, il fut le premier à intégrer le mouvement de façon aussi puissante.

◼ Futurisme

Les cubistes montrent la vérité de l'objet tandis que les futuristes présentent l'objet en mouvement. Bien qu'animées par des directives différentes, ces deux tendances vont s'influencer mutuellement. Pratiqué par des artistes italiens, le futurisme se fait connaître en France par la publication en 1909 dans le *Figaro* d'un premier manifeste de l'écrivain Filippo Tomasso Marinetti, puis en 1910 dans *Comedia* d'un second signé par umberto Boccioni, Gino Severini, Carlo Carrà, Giacomo Balla et Luigi Russolo. La première exposition organisée chez Berheim-Jeune (février 1912) et les propos tenus à l'encontre du cubisme dans le catalogue provoquent la mobilisation des cubistes. Gleizes*, Metzinger* et Apollinaire* s'attellent à la rédaction de leurs ouvrages (*Du Cubisme*, *Les Peintres cubistes*), la bande de Puteaux prépare l'exposition de la Section d'Or*. Avec violence, les Italiens dénoncent le statisme du cubisme et affirment la suprématie d'un art capable de représenter simultanément les sensations dynamiques de la vie moderne. Soucieux du modernisme, il éveille rapidement l'intérêt des artistes de Puteaux, bien que ceux-ci s'en défendent. Gleizes, Léger*, Delaunay*, Duchamp* cherchent des solutions pour peindre le dynamisme et le mouvement*. Seuls les trois derniers opteront toutefois pour des solutions convaincantes: série de *Contraste des formes*, 1912-1914, Léger ; série des *Formes circulaires, Soleils et lunes*, 1912-1913, Delaunay ; *Jeune Homme triste dans un train*, 1911, Duchamp.

Séverini,
*La Danse de l'ours
au moulin rouge*,
1912,
huile sur toile,
100 x 73,5 cm.
Paris, Centre
Georges
Pompidou.

Quant au concept de simultanéité* qui souleva des polémiques (1913), il s'avère très éloigné de celui des cubistes orthodoxes. Car si les futuristes représentent simultanément les sensations dynamiques procurées par la vie moderne (*La Danse de l'ours au moulin rouge*, Séverini, 1912), les cubistes montrent de façon simultanée les différentes visions d'un objet* perçues après en avoir fait le tour. Les cubistes ont une approche intellectuelle de l'objet tandis que celle des futuristes est sensationnelle. Le futurisme fait de nombreux emprunts au cubisme (*Hiéroglyphe dynamique du bal de Tabarin*, 1912, Séverini). Il s'inspire de la phase cézannienne*, reprend à son compte l'abolition de la perspective*, l'emploi des lettres*, et le papier collé*. Comme le cubisme, le futurisme ne survit pas à la guerre.

■ Gleizes (Albert)

Né à Paris, le peintre Albert Gleizes (1881-1953) est tout d'abord influencé par l'impressionnisme. En 1906, il fonde avec le poète et critique d'art Alexandre Mercereau le groupe de l'Abbaye de Créteil.
Par l'intermédiaire de Mercereau, il rencontre Henri Le Fauconnier en 1909, auteur du célèbre *Portrait de Pierre-Jean Jouve*, 1908. Il réalise sous son influence des paysages simplifiés de tonalités contenues (*L'Arbre*, 1910), qui le conduisent au cubisme. Il peint des œuvres d'un cézannisme* modéré, procède à la géométrisation et à la fragmentation des formes (*La Femme aux phlox*, 1910 ; *Portrait de Jacques Raynal*, 1911), démarches qui lui valent

d'être reconnu comme l'un des meneurs du cubisme après les expositions du Salon des Indépendants et du Salon d'Automne de 1911 et 1912. Pourtant, bien que comportant des caractéristiques du pré-cubisme – géométrisation, fragmentation, palette restreinte – et du cubisme analytique – multiplication des angles de vue, lettres* – à partir de 1912 (*L'Éditeur Eugène Figuière*, 1913), ses toiles ne participent pas à la révolution du mouvement. Gleizes engendre un cubisme caractérisé par un attachement au système figuratif et spatial académique (*Les Baigneuses*, 1912). Rebuté par l'intellectualisme du mouvement orthodoxe, il se rapproche des artistes de Puteaux et tente d'introduire le dynamisme par la couleur* (*La Dame aux Bêtes*, 1914).
Néanmoins, à partir de 1912, il se consacre à la défense du cubisme. Il participe à l'exposition de la Section d'Or*. Avec Metzinger*, il publie *Du Cubisme*, et demande à Duchamp* de ne pas exposer le *Nu descendant un escalier n° 2*, jugé trop proche du futurisme*, au Salon des Indépendants de cette même année.
Mobilisé pour la guerre en 1914, le peintre séjourne en Amérique où il subit l'influence de Picabia* et Duchamp. Il publie de nombreux essais sur le mouvement dont *Tradition et Cubisme, Du Cubisme et des moyens de le comprendre*.

Albert Gleizes, *L'Éditeur Eugène Figuière*, 1913, huile sur toile, 143,5 x 101,5 cm.
Lyon, musée des Beaux-Arts.

« En 1912, au début de cette étude, qui fut la première écrite sur le cubisme, nous disions que, si nous lui donnions pour titre "Du Cubisme", ce mot ne nous dupait pas : choisi par d'autres que nous, il ne pouvait justifier nos aspirations qui tendaient vers la réalisation intégrale de la peinture [...]. Et c'est là justement le caractère révolutionnaire du cubisme, que quelques-uns se sont plu à qualifier récemment [...] de "révolution picturale la plus importante depuis la Renaissance". »

(A. Gleizes, Avant-propos, *Du Cubisme*, co-écrit avec J. Metzinger)

■ GRAND NU
(Braque)

Le *Grand Nu* achevé par Braque au printemps 1908 résulte des différents chocs éprouvés par l'artiste au cours de l'année 1907. Marqué par les deux rétrospectives de Cézanne* organisées au Salon d'Automne puis à la galerie Berheim-Jeune, il effectue un pèlerinage à l'Estaque. À son retour (fin novembre-début décembre), accompagné par Apollinaire*, il découvre dans l'atelier* du Bateau-Lavoir les toiles primitivistes de Picasso* (*Nu à la draperie*, *Trois Femmes*, et *Les Demoiselles d'Avignon*). Horrifié par le découpage brutal des figures, il lance à celui-ci : « ta peinture c'est comme si tu nous faisais manger de l'étoupe et boire du pétrole pour cracher du feu ». Il est cependant séduit par l'intégration de la figure à l'espace du *Nu à la draperie*, par l'abandon du point de vue unique opéré dans *Les Demoiselles d'Avignon*. Afin d'échapper à la barbarie des *Demoiselles*, Braque reformule ces innovations dans le *Grand Nu* à travers un langage cézannien. Il adoucit les hachures trop graphiques en les transformant par des vibrations légères, ce qui permet, comme chez Picasso, de voir la figure peinte à la verticale, couchée, et simplifie les volumes à l'aide des cernes noirs. Afin d'opérer la synthèse de plusieurs points de vue, il montre le fessier tout entier contenu sur la jambe droite de la femme, mais ajoute le nouveau procédé découvert à l'automne 1907 (*Maisons à l'Estaque*) : le « renversement de la perspective* » (Daix) qui permet de loger la figure sur la surface de la toile. De cette façon, Braque opère la synthèse du primitivisme, du cézannisme et de sa réflexion sur l'espace élaborée durant l'année 1907.

Par le choix du nu féminin, rarement exploité par l'artiste, Braque trouve le moyen de s'éloigner du motif et échappe ainsi à l'attitude passive des peintres classiques à l'égard du réel. Lourde et peu harmonieuse, cette toile capitale annonce la préoccupation plus conceptuelle qu'esthétique qui orientera la recherche des peintres dans les années à venir. Par l'abandon du point de vue unique, le renversement de perspective, l'intégration de la figure à l'espace et l'usage contrôlé de la lumière devenue interne au tableau, cette toile constitue les premiers pas du cubisme. Avec le *Grand Nu*, Braque s'impose comme le partenaire essentiel de Picasso dans l'aventure qui va les conduire à révolutionner l'espace.

Georges Braque, *Grand Nu*,
Paris, printemps 1908,
huile sur toile, 140 x 100 cm,
Paris, Collection Alex Maguy.

61

Juan Gris,
La Guitare, 1913,
huile et papiers
collés sur toile,
61 x 50 cm.
Paris, Centre
Georges
Pompidou.

■ Gris (Juan)

De son vrai nom José Victoriano Gonzales, Juan Gris (1887-1927) reçoit une formation de peintre à Madrid. Il quitte l'Espagne en 1906 et s'installe à Paris dans un atelier* du Bateau-Lavoir. Pour subvenir à ses besoins, il travaille comme caricaturiste pour *L'Assiette au beurre* et *Le Charivari* et pratique parallèlement le dessin et la gouache. En 1911, sous l'influence de Picasso* et de Braque*, il se consacre à la peinture. Bien que l'amitié de Picasso lui ait permis de suivre son évolution depuis 1906, d'un naturel perfectionniste, il préfère dans un premier temps en revenir à Cézanne en

solidifiant les formes tout en les soumettant à la fonction à la fois constructive et destructrice de la lumière. Il se détache un temps des pionniers, alors engagés dans les papiers collés* et le collage*, et se rapproche de ceux Puteaux. Par sa capacité intellectuelle et sa maîtrise du langage orthodoxe, il devient un informateur précieux pour ces artistes. Il participe au Salon des Indépendants et à l'exposition de la Section d'Or* de 1912, avec des œuvres qui témoignent d'un langage contrôlé (*Hommage à Picasso*, 1912). Il signe un contrat d'exclusivité avec Kahnweiler*. Picturalement plus proche des Montmartrois, il engendre cependant un cubisme analytique particulier, caractérisé par un aspect très intellectuel. Moins soucieux de l'espace que ces derniers, il est surtout préoccupé par l'agencement de structures rigoureuses. N'éprouvant pas le besoin de sacrifier la couleur*, ni de la distinguer de la forme, et répartissant les différents points de vue d'un objet en conservant une plausibilité visuelle, son cubisme se distingue de celui des pionniers (*Les Trois Cartes*, 1913). Peu après l'invention du collage, il introduit un miroir dans *Le Lavabo* (1913). En 1913-1914, il effectue des papiers collés très maîtrisés où, pour la première fois, le papier envahit la surface de la toile (*La Guitare*, 1913).

■ Jacob (Max)

Poète et critique d'art français, Max Jacob naît à Quimper en 1876 au sein d'une famille juive. Il effectue une scolarité moyenne jusqu'à ce qu'il découvre, en classe de seconde, la poésie à travers Baudelaire et Laforgue. Il renonce à une formation militaire, puis juridique, avant d'affirmer le désir d'être peintre. C'est pourtant à travers l'écriture qu'il participera à la naissance d'un poésie* nouvelle, régénérée par des principes empruntés à la peinture. Installé à Paris à partir de 1894, il survient à ses besoins en réalisant des aquarelles et en exerçant l'activité de critique d'art. Entre 1898 et 1900, il publie dans le *Moniteur des arts*, sous le pseudonyme de Léon David, des articles, sur les peintres anti-académiques, dont Villon*. En 1901, il devient ami intime de Picasso*. Bien que moins proche de celui-ci pendant les années de cordées avec Braque*, Max Jacob, qui loge à Montmartre, reçoit régulièrement la bande du Bateau-Lavoir. Il est ainsi l'ami de Braque, Gris*, Salmon*, Reverdy et Apollinaire*. Ne se consacrant plus qu'à la poésie, il vit dans la misère. Certains de ses poèmes paraissent dans les *Soirées de Paris* (fin 1912), et Kahnweiler* lui assure reconnaissance en achetant en 1909 une malle entière de poèmes qu'il refusait de publier. Grâce à ce dernier, il concrétise sa collaboration avec les peintres en éditant en 1911 la célèbre trilogie de *Saint Matorel*, puis, en 1913, *Le Siège de Jérusalem*, tous deux illustrés par Picasso. Ne ratant jamais une occasion de rencontrer les peintres, il est avec Braque, Picasso et Gris à Céret en 1913. En 1914, pour symboliser leur amitié, Picasso peint *Nature morte avec verre et jeu de carte (Hommage à Max Jacob)*, dans laquelle il colle un prospectus de vente d'un recueil du poète : *La Côte*. En 1917, il publie *Cornet à dés*, dont la préface témoigne de l'influence esthétique cubiste. Max Jacob meurt en 1944 au camp de concentration de Drancy.

Max Jacob, photographie de Manuel.

◼ Kahnweiler (Daniel-Henry)

Marchand de tableaux, éditeur, écrivain d'art, Daniel Henry Kahnweiler (1884-1979) fut un acteur et un témoin essentiel de l'aventure cubiste. Né à Mannheim (Allemagne) au sein d'une famille bourgeoise, il renonce à une carrière de banquier pour ouvrir une galerie d'art rue Vignon à Paris (1907). Doté d'une grande sensibilité artistique, il soutient des artistes inconnus en qui il a foi. Par ce pari salutaire, il permet aux artistes de mener à terme la révolution cubiste et devient l'un des plus grands marchands de son temps. Très vite, il rencontre Picasso* et voit *Les Demoiselles d'Avignon** qui constituent selon lui « la naissance du cubisme ». Il contacte Derain* et lui achète *Jetées à l'Estaque*, tableau exposé au Salon d'Automne. En 1908, il prend le risque d'exposer les œuvres de Braque*, constituées de « petits cubes » (Vauxcelles*), refusées au Salon d'Automne. Il passe bientôt avec ses artistes de prédilection (Braque, Picasso, Gris*, Derain et Léger*) des contrats d'exclusivité et s'engage à en assurer leur promotion. Engagement qu'il tient de façon remarquable grâce à ses relations avec de nombreux collectionneurs (les Stein, Chtchoukine, Dutilleul), et en faisant participer les artistes à des expositions à l'étranger, notamment en Allemagne. En tant qu'éditeur, il assure la publication de nombreux ouvrages dont *L'Enchanteur pourrissant* (1909) d'Apollinaire*, gravé par Derain, *Le Siège de Jérusalem* (1914) de Max Jacob*, illustré par Picasso. Écrivain, il laissera de nombreux essais mêlant souvenirs de cette époque et réflexions esthétiques souvent inspirées de Kant et de la *Gestalt Theorie* (psychologie de la forme) : *Der Weg Kubismus* (1920), *Confessions esthétiques* (1963). De nationalité allemande, il est forcé de s'exiler suite à la déclaration de guerre, laissant ses artistes dans une situation financière catastrophique. Sa galerie, qui détenait la quasi-totalité de leurs œuvres, est mise sous séquestre en 1914, jusqu'à ce que les œuvres soient bradées en 1921.

◼ La Fresnaye (Roger de)

Issu d'une grande famille aristocratique de Normandie, Roger de La Fresnaye (1885-1925) a pour ancêtre le poète Jean Vauquelin de La Fresnaye, auteur d'un ouvrage (*Art poétique*) réputé au XVIᵉ siècle. Né au Mans, il s'inscrit en 1903 à l'Académie Julian. Insatisfait, il quitte l'Académie en 1905, rejoint celle de Ranson en

Picasso, *Portrait de Kahnweiler*, 1910, huile sur toile, 100,6 x 72,8 cm. Chicago, Art Institute, don de Mrs Gilbert W. Chapman.

Roger de La Fresnaye, *La Conquête de l'air*, 1913, huile sur toile, 236 x 196 cm. New York, Museum of Modern Art.

1908, où il est séduit par l'enseignement de Maurice Denis et Paul Sérusier. Dès lors, il peint des toiles aux décorations nabisantes (*Paysages de Bretagne*, 1908) et s'ouvre aux problèmes picturaux soulevés par Gauguin et Cézanne*. Fasciné par la synthèse moderne et classique effectuée par le Maître d'Aix, celle-ci devient le mot d'ordre de sa recherche.

Considérant la nouvelle peinture (cubisme, futurisme*, orphisme*) comme un moyen d'enrichir les bases d'un art traditionnel et refusant d'y voir une possibilité de renouvellement, il appartient au cubisme dit « français ». Dans la lignée de Cézanne, il solidifie ses paysages en géométrisant les volumes et conserve le clair obscur (*Dans les paysages de Meulan*, 1911-1912). Suite aux salons des Indépendants et d'Automne de 1910, il s'intéresse au cubisme et peint des toiles sombres, assouplies par des passages mais agen-cées dans un espace classique (*La Vie conjugale*, 1913). Proche des artistes de Puteaux, il expose à la Section d'Or* et s'intéresse à la figuration du mouvement. Mais la suggestion du dynamisme, incompatible avec l'agencement ordonné des éléments, se limite à quelques signes (poussière, galop du cheval) : *L'Artillerie II*, 1912. Les recherches de 1913 autour du travail de Delaunay* sont cependant plus convaincantes (*La Conquête de l'air*, 1913 ; *L'Homme assis*, 1914). La couleur, avivée par la loi du contraste simultané*, acquiert un rôle constructeur et spatial. Mais, refusant de sombrer dans la non-figuration, l'artiste ne procède pas à la destruction de l'objet* stipulée par l'orphisme*. Après la guerre, il effectue un retour à l'ordre dans un style néo-classique, tout en s'inspirant ponctuellement du cubisme (*Le Masque*, 1921).

Marie Laurencin, *Guillaume Apollinaire et ses amis*, 1909, huile sur toile, 130 x 194 cm. Paris, musée Picasso.

Fernand Léger, *Nus dans la forêt*, 1909-1910, huile sur toile, 120 x 170 cm. Otterlo, Rijksmuseum Kröller-Müller.

■ Laurencin (Marie)

Peintre et muse du Bateau-Lavoir, Marie Laurencin (1885-1956) est associée à l'aventure du cubisme, bien qu'elle ne soit pas cubiste. Née à Paris, l'artiste reçoit une formation de peintre à l'Académie Humbert, où elle rencontre Picabia* et Braque*. Intégrée au cercle de Montmartre par ce dernier en 1905, elle s'intéresse aux nouvelles orientations de la peinture et expose au Salon des Indépendants de 1906. En 1907, elle devient la bien-aimée d'Apollinaire*, rencontré dans la boutique de Clovis Sagot.

Adepte du portrait, elle allège un enseignement traditionnel en introduisant dans un espace régi par l'unicité des points de vue des figures schématisées inspirées des recherches pré-cubistes via l'art africain* (*Groupe d'artistes*, 1908 ; *Apollinaire et ses amis*, 1909).

Ses œuvres un peu naïves, pleines de grâce et de raffinement féminins, sont appréciées par Braque, Marre – avec qui elle collabore au projet de *Maison cubiste* en 1912 –, et Salmon* – pour qui elle illustre *L'Âge de l'humanité*. Bien que très éloignées de la recherche rigoriste du cubisme par leur aspect décoratif, ses toiles figurent dans les salles consacrées aux cubistes hétérodoxes des Salons des Indépendants et d'Automne de 1910 à 1912 et de la Section d'Or*. Apollinaire, certainement aveuglé par l'amour, lui consacre un chapitre entier dans ses *Méditations esthétiques**, la situant entre « Picasso et le Douanier Rousseau », bien qu'elle reconnaisse ne pas y avoir sa place. Gleizes* et Metzinger* la font figurer dans *Du Cubisme**.

« Belle, d'une beauté irrégulière. D'origine savoyarde, elle pouvait faire songer à certaines beautés russes descendantes de Pouchtkine dont le sang roulait des globules nègres », se souvient Salmon (*Souvenirs sans fin I*, 1955).

Sa beauté inspire plus d'un artiste, dont Apollinaire qui lui dédie *Crépuscule* et *Marie*, parus dans *Alcools* (1913) peu après leur séparation. Le Douanier Rousseau la représente également dans *Le Poète et sa muse* en 1908.

■ LÉGER (FERNAND)
Du cubisme au « tubisme »

Fernand Léger naît en 1881 à Argentan et devient apprenti architecte à Caen. Installé à Paris en 1900, il est employé chez un architecte, puis chez un photographe jusqu'en 1905. Admis en 1903 aux Arts Décoratifs, il suit les ateliers des maîtres Gérôme et Ferrier. Peu instruit, il se dégage vite d'une éducation conventionnelle et se tourne vers l'impressionnisme (1904). Mais en 1907, la découverte de Cézanne* oriente définitivement sa peinture. Désormais, il reconstitue les objets* que l'impressionnisme avait rendus évanescents.

Installé à la Ruche en 1908, il rencontre Apollinaire* et Delaunay*, puis découvre les toiles des pionniers. Il peint en 1909 *La Couseuse*, qui ouvre sa période cubiste. Amas de lignes géométriques logé dans un espace court, la toile est proche des figures massives de Picasso* peintes la même année.

Pourtant, dès *Nus dans la forêt* (1909-1910), Léger propose un cubisme personnel. S'il partage le souci cubiste de créer un réalisme* non-figuratif, il se distingue des Montmartrois en imposant un cubisme non pas intellectuel, mais visuel. Son souci n'est pas en effet de figurer la totalité de l'objet, mais de distinguer chaque objet en volume et en plan au sein d'un espace idéal. Il pratique, selon Vauxcelles*, « le tubisme ». Déboîtés, les volumes géométriques ne sont plus statiques et indissociables, mais autonomes, créant entre eux un antagonisme dynamique. L'intérêt qu'il voue au dynamisme, « reflet du monde moderne », le conduit en 1911 à fréquenter l'atelier de Puteaux et à participer à la Section d'Or*. Il s'éloigne des thèmes intimistes et traditionnels de Braque* et Picasso, et peint des sujets contemporains (*Le Passage à niveau*, 1912). Il entame une série de contraste de formes (*La Femme en bleu*, 1912), dans laquelle il réintroduit vivement la couleur* et expérimente brièvement l'abstraction*. Apollinaire baptise alors l'art de Delaunay et de Léger de cubisme orphique*. Pourtant, si Delaunay prône la suprématie de la couleur, Léger aspire à « un équilibre entre les lignes, les formes et les couleurs » (Léger).

Lettres

En 1909, Braque* introduit pour la première fois, dans *Le Pyrogène et le quotidien*, les lettres peintes « Gil B », qui indiquent le nom du journal Gil Blas. En 1911, il intègre des caractères typographiques peints au pochoir dans *Le Por-*tugais*, spécifiant cette fois le prix d'une consommation et l'annonce d'un bal. Cette pratique est vite reprise par Gris*, Marcoussis*, Gleizes*, les Delaunay* et les futuristes*, puis devient une des caractéristiques constantes des œuvres de Braque et de Picasso en

Georges Braque, *Le Portugais*, 1911-1912, huile sur toile, 117 x 81,5 cm. Bâle, Kunstmuseum.

André Lhote, *Le Peintre et son modèle*, 1920, huile sur toile, 97 x 30 cm. Paris, Centre Georges Pompidou.

1910-1911. Elle intervient au cours de la période analytique, lors de laquelle, à force de vouloir révéler l'essence de l'objet* par l'éclatement de ses contours, les pionniers engendrent des toiles illisibles, où l'objet devient in-identifiable. Au niveau sémantique, les lettres, utilisées seules ou pour composer des mots inexistants, ont une fonction évocatrice. C'est le cas dans *Femme à la guitare* de Braque, où le mot « SOATE », juxtaposé à celui de rêve, évoque l'aspect ouateux du brouillard, et vise à dénoncer l'illusion picturale. Les mots complets existants comme « MA JOLIE », « BAL », « VALSE » permettent d'identifier ce qui est représenté. Au niveau formel, les lettres reçoivent le même traitement que les objets dans l'espace cubistes (le « JOU » de la *Nature morte à la chaise cannée* est transpercé par une flûte) et révèlent la capacité de cet espace à accepter des éléments « abstraits* » (Rosem-blum). Les techniques du pochoir de Braque et du Ripolin (peinture pour le bâtiment) de Picasso, utilisées pour peindre les lettres, constituent un pas vers l'autonomie* de la peinture. En effet, celle-ci n'est plus seulement affaire de peinture à l'huile et de savoir-faire de l'artiste. Les pionniers, par le recours aux lettres, affirment l'incapacité de la peinture à signifier la réalité et valident (voir objets illusionnistes*) la capacité de l'espace cubiste à recevoir des éléments étrangers. Ce constat aboutit à l'invention du papier collé*, dans lequel les lettres ressurgissent à travers des papiers-journaux, et du collage*.

■ Lhote (André)

Peintre et théoricien d'art, André Lhote (1885-1962) naît à Bordeaux. En 1892, il entre comme apprenti chez un sculpteur à Bordeaux. Autodidacte, il apprend seul à peindre. Puis après avoir découvert vers 1906 *D'où venons-nous ? Que sommes*

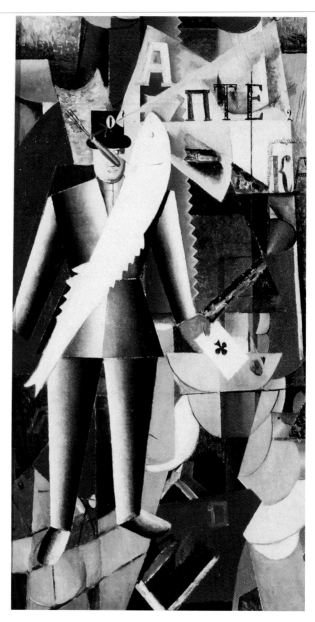

Kasimir
Malevitch,
L'Aviateur, 1914,
huile sur toile,
124 x 74 cm.
Saint-
Pétersbourg,
musée russe.

nous ? Où allons nous ? de Gauguin, il s'inspire du synthétisme
de celui-ci et de Carrière en
1908. En 1910, la découverte de
Cézanne* oriente sa peinture
dans une direction plus constructive. Attiré par le cubisme, il est

présent dans les manifestations
du Salon d'Automne et des Indépendants de 1912-1913, ainsi
qu'à l'exposition de la Section
d'Or*. Mais il revendique clairement une recherche synthétique
du classicisme et du cubisme et

représente ainsi le « cubisme français », en tout point opposé à la démarche révolutionnaire de Braque* et Picasso*. Par la faiblesse de son appropriation cubiste, il s'oppose également à la tendance originale de Delaunay*, Léger* et Duchamp*.

En théoricien, il spécule sur un temps où « les découvertes sensibles des peintres […] seront soumises à une refonte totale et organisées selon les règles de la composition traditionnelle » (*La peinture, le Cœur et l'esprit*, Éd. Denoël, 1933). Si bien que son interprétation du cubisme se limite à des volumes géométrisés, éclairés et disposés selon des règles spatiales classiques (*Sous-Bois à Arcachon*, 1912). En 1919, proche de Jacques Rivière, il devient critique d'art à la *Nouvelle Revue Française* et participe à la théorie du « retour à l'ordre » dont découle une nouvelle appréciation du cubisme.

Le cubisme évolue ainsi selon l'exigence de l'après-guerre et devient modéré, harmonieux « français ». Mais peut-on encore parler de cubisme ? Comblé, l'artiste s'achemine vers un cubisme décoratif très classique, toutefois mieux maîtrisé (*Baigneuses*, 1917 ; *Le Peintre et son modèle*, 1920).

◼ Malevitch (Kasimir)

Né à Kiev, Kasimir Malevitch (1878-1935) sera avec Kandinsky et Mondrian* un des pionnier de l'art abstrait*. Installé à Moscou en 1904, il reçoit une formation artistique. Rapidement, il découvre la peinture d'icône, qui le sensibilise à un monde situé au-delà des apparences sensibles.

Après une période impressionniste (*Femme à la fleur*, 1903 ; *Pommiers en fleurs*, 1904), il explore la peinture française,

découverte chez les collectionneurs Chtchoukine et Morosov, et les directions novatrices de Larionov et Gontcharova. Ces explorations le conduisent à participer à partir de 1910 aux expositions d'avant-garde en Russie – Valet de carreau (1910), Queue d'âne (1912) et la Cible (1913) – et à exporter sa peinture en Allemagne où, invité par Kandinsky, il participe à une exposition du *Blaue Reiter* (1912). À la lumière de Cézanne* (1910-1911), les formes sont simplifiées et géométrisées (*Autoportrait de trois quarts*, 1910-1911). Ce procédé, radicalisé sous l'impact du primitivisme (1911-1912), s'associe aux disproportions de volumes et à la libération de la couleur* (*Baigneur*, 1911).

En marche vers une peinture autonome, Malevitch expérimente le cubisme (1912-1914) comme un vecteur de purification (*Moisson de seigle*, 1912), bientôt associé au futurisme*. Double influence qui annonce le prochain effritement de l'image (*Le Rémouleur*, 1912-1913).

Proche des orthodoxes, il utilise la multiplication des angles de vue pour sortir d'une figuration naturaliste (*Tête de paysanne*, 1912-1913). Mais il refuse de restaurer l'objet du cubisme analytique et avance vers un art non-figuratif absolu. Ainsi, à partir du cubisme et du futurisme, il crée le suprématisme en 1915. Ne retenant que la révolution spatiale élaborée par le cubisme et ses possibilités d'abstraction, il crée des toiles abstraites où l'espace et la forme n'entretiennent plus aucun lien avec le monde extérieur et s'unissent pour exprimer le rien, expression « suprême » de l'absolu (*Carré blanc sur fond blanc*, 1918).

▪ Marcoussis (Louis)

Ludwig Markus (1878-1941), rebaptisé Louis Marcoussis par Apollinaire* d'après le nom d'un village situé dans l'Essonne, naît à Varsovie (Pologne). Le futur peintre et graveur reçoit l'enseignement de l'école des Beaux-Arts de Cracovie en 1901, puis s'installe à Paris en 1903. Il y réalise des dessins humoristiques, notamment pour *La Vie Parisienne* et *L'Assiette au beurre*. Attiré par le fauvisme, il se sensibilise à l'art de Cézanne*, vu au Salon d'Automne de 1904 et

Louis Marcoussis, *Nature morte au damier*, 1912, huile sur toile, 143 x 97 cm. Paris, Centre Georges Pompidou.

s'oriente vers une peinture plus constructive après avoir découvert celle de Braque* en 1910 (*Le Sacré-Cœur*, 1911). Il se convertit ensuite au cubisme orthodoxe, après l'avoir rencontré chez Picasso* en 1911.

Attaché à la figuration illusionniste du motif, ses œuvres n'atteignent pas le caractère révolutionnaire des celles des pionniers. Mais en conciliant avec talent cette exigence avec les procédés du pré-cubisme et du cubisme analytique, il rompt de façon beaucoup plus nette que

Metzinger* avec l'art traditionnel. Dès les premières œuvres, il est soucieux d'intégrer à la couleur la luminosité qui permet à Braque de matérialiser son espace tactile.

À ce procédé récurrent durant toute son œuvre, il ajoute des passages cézanniens qui lui permettent d'assouplir ses compositions solidifiées. Présentant les différents aspects de la figure par le basculement de quelques plans, la figure demeure reconnaissable (*La Belle Martiniquaise*, gravure, 1912). Puis sa période analytique est proche de celle des pionniers. Moins austère, elle est aussi moins abstraite et rigoureuse : les lettres* sont parfois utilisées de façon décorative (*Nature morte au damier*, 1912).

Les œuvres exposées à la Section d'Or* en 1912 se démarquent par leur orthodoxie des toiles dynamiques des adeptes de Puteaux (*Portrait de M. Gabovski*, 1912). Pourtant, dans *Le Musicien* peint en 1914, il parvient habilement à faire cohabiter rigueur du cubisme orthodoxe et fluidité du mouvement*. À la déclaration de guerre, l'artiste s'engage volontairement.

■ Matisse (Henri)

Né à Cateau-Cambresis (Nord), Henri Matisse (1869-1954) s'installe à Paris en 1887. En 1891, il renonce à une carrière juridique pour devenir peintre et sculpteur. Inscrit à l'Académie Julian, il suit ensuite l'atelier* de Moreau aux Beaux-Arts et s'adonne au classicisme. Séduit par Signac, il expérimente le divisionnisme, qui le place, suite aux Indépendants de 1905 (*Luxe, calme et volupté*, 1904), en tête de l'avant-garde. La découverte de Van Gogh, de Cézanne* et de l'art africain* le conduit avec Derain* à créer le fauvisme (1905), auquel se rallie Braque*. En 1906, il rencontre Picasso*, et lui fait découvrir une statuette Vili (XIXᵉ siècle). Mais ce dernier,

Henri Matisse, *Tête blanche et rose*, 1915, huile sur toile, 75 x 47 cm. Paris, Centre Georges Pompidou.

Jean Metzinger, *Femme et guitare*,
huile sur toile, musée de Grenoble.

alors en quête d'un nouveau langage pictural, reçoit le *Nu Bleu, Souvenir de Biskra*, exposé aux Indépendants de 1907, comme un véritable affront. Matisse* devenu avec Derain l'expert du primitivisme, Picasso répond par *Les Demoiselles d'Avignon*. Bien que déroutés comme Matisse, Derain et Braque se rangent aux côtés de Picasso. Occupé, rive droite à son Académie de peinture, Matisse qui se sent exclu du clan montmartrois, refuse de soutenir les toiles de Braque faites de « petit cubes » lors du Salon d'Automne (1908), dont il est membre du jury. C'est le début de la crise avec Picasso. Resté à l'écart du cubisme, il peint des œuvres décoratives, colorées et réalise des sculptures* qui rompent avec la figuration naturaliste (Série des *Jeannette* 1910-1913). Parallèlement, il s'intéresse aux recherches de Puteaux, notamment à celle de Delaunay*. Rebuté par l'austérité cubiste, il est néanmoins séduit par son aspect révolutionnaire. Ainsi, suite à son rapprochement de Picasso et au retour de la couleur* (1912), il s'initie à un cubisme personnel à travers des toiles géométrisées (*Tête blanche et rose*, 1915), fragmentées et reconstituées (*La Desserte de Jan Davidsz de Heem*), et abstraites* (*Porte fenêtre à Collioure*, 1914). Ainsi, Matisse concilie rigueur et couleur au sein d'un espace cubiste sans profondeur (*Le Rideau jaune*, 1914-1915).

■ Metzinger (Jean)

Né à Nantes, Jean Metzinger (1883-1956) rejoint Paris en 1903 pour y entreprendre des études de médecine, auxquelles il renonce pour devenir peintre. Après avoir expérimenté le néo-impressionnisme, puis le fauvisme, il peint des œuvres plus construites (*Portrait d'Apollinaire*, 1910). Ami de Max Jacob* et d'Apollinaire*, il devient bientôt un habitué du Bateau-Lavoir et s'oriente vers un cubisme analytique orthodoxe (*Nu*, 1910). Adepte de l'Abbaye de Créteil (voir ateliers*) où il fréquente Gleizes*, ses talents d'écrivain font de lui l'un des premiers à révéler à l'avant-garde les pratiques des Montmartrois, absents aux Salons. En témoigne son article (*Note sur la peinture*, 1910) où il révèle, selon Golding, que Braque et Picasso* « s'étaient dépouillés de la perspective traditionnelle, et octroyé la liberté de tourner autour des objets* », et parle pour la première fois de « totalité ».

Attaqué pour plagiat par la critique informée, il se dégage en 1911 de l'influence des pionniers et peint des toiles moins fragmentées (*Le Goûter*, 1911), avant de se livrer à une étude complexe du sujet, durant une phase analytique où le sujet est présenté sous divers angles (*La plume jaune*, 1912). Puis à partir de 1914-1915, il perpétue cette étude de façon simplifiée (*Femme et guitare*). Par la fragmentation des objets et la volonté du peintre d'en montrer plusieurs faces grâce au pivotement des plans, l'art de Metzinger s'apparente au cubisme des pionniers de 1908-1910. Mais en restant préoccupé par le sujet anecdotique et par un système d'éclairage classique, il demeure attaché à l'art traditionnel (*Les Baigneuses*, 1913). Par cet aspect, il est proche de Gleizes, avec qui il co-écrit l'ouvrage *Du Cubisme*. Adepte de la Section d'Or*, il participe à l'exposition à la galerie de La Boétie et tente d'intégrer la notion de simultanéité* dans ses œuvres (*Le Vélodrome*, 1914).

Sonia Delaunay, *Robe simultanée*, 1914, pastel sur papier de soie, 27,5 x 17,5 cm. Paris, Centre Georges Pompidou.

■ Mode

Sonia Delaunay* aurait sans doute était amusée si Manolo lui avait posé une question proche de celle adressée à Picasso, « qu'est-ce que tu dirais si tes parents venaient te chercher à la gare avec des gueules pareilles ? ». En effet, l'artiste n'hésite pas à transposer les recherches menées avec son mari sur l'orphisme*, bien qu'il dérive du cubisme analytique, dans le domaine de la mode. Appliquant le principe de couleurs simultanées* tout d'abord à des couvertures, des coffrets, des affiches, l'intérêt qu'elle porte à la danse la conduit à confectionner en 1913 une robe « dont le vieux rose dialoguait avec le Tango » (Sonia Delaunay). Robert* lui passe aussitôt commande et ils arborent tous deux cette nouvelle ligne de vêtements dans les soirées.

Les contrastes de couleurs* permettant l'expression du dynamisme, le vêtement conçu comme un prolongement du geste est en totale adéquation avec le but visé par l'orphisme. Robert dit à ce sujet : « ce n'était plus un morceau d'étoffe drapé selon la mode courante mais un composé vu d'ensemble comme un objet*, comme une peinture pour ainsi dire vivante, une sculpture* sur des formes vivantes ». Le vitalisme, voire le sensualisme, des robes de Sonia inspire à Blaise Cendrars* un poème qu'il lui dédie : *Sur la robe elle a un corps* (1914). Lors de leurs révélations, ces vêtements suscitent de nombreuses moqueries. Les futuristes* crient au plagiat. Severini, qui porte lui aussi un grand intérêt à la danse, a, dit-on, lancé la mode des chaussettes colorées dépareillées dès 1911. Toutefois, Sonia attire bientôt les clients les plus prestigieux de France (Lanvin et Channel), mais aussi de l'étranger. En 1925, elle tient une boutique nommée « Simultanée » à l'Exposition des Arts Décoratifs, et elle donne en 1927 une conférence sur l'influence de la peinture sur l'art vestimentaire à la Sorbonne.

◼ Mondrian (Piet)

Pieter Cornelis Mondrian, dit Piet Mondrian (1872-1944), naît à Amersfoot (Hollande). Peu avant la découverte de l'œuvre de Picasso* et de Braque*, il peint des tableaux influencées par l'impressionnisme, le pointillisme et le sym-

Photographie de Piet Mondrian, dans son atelier, vers 1905.

bolisme. C'est à Amsterdam en 1911 qu'il découvre leurs œuvres dans une exposition du *Moderne Kunstkring*. Il s'installe cette même année à Paris, où il reste jusqu'en 1914. Les toiles peintes durant les deux premières années sont caractérisées par une forte influence du cubisme analytique de Montmartre.

Attiré dans un premier temps par la géométrisation du mouvement (*Nature morte au pot de gingembre I* et *II*), il va trouver dans les toiles abstraites de la fin du cubisme analytique les bases d'une méthode constructive qui va le conduire jusqu'à l'abstraction*. Poussant le rejet cubiste de l'anecdotique à son comble, il en vient dans sa séquence des *Arbres* (*Composition ovale arbres*, 1913) à ne conserver que « la grille cubiste » (Daix). Lors de sa participation au Salon des Indépendants de

NU DESCENDANT UN ESCALIER   MARCEL DUCHAMP

1913, Apollinaire* ne manque pas de souligner la dette de cet artiste à l'égard du cubisme tout en remarquant que son « cubisme très abstrait » s'engage dans « une voie différente de celle que paraissaient prendre Braque et Picasso » (*Montjoie*). Effectivement, rebuté par le refus des cubistes d'abandonner le réel, Mondrian prend ses distances avec le mouvement. Il crée des œuvres exprimant la réalité* pure et non plus la réalité extérieure cantonnée au domaine des apparences (*Composition n°10 (jetée et océan)*, 1915). Après son retour en Hollande, il agence sur ses toiles des plans de couleurs* pures avalant la grille cubiste de 1913, qui révèlent l'influence de l'orphisme* (*Composition*, 1916 ; *Composition en couleur A*, 1917). Ainsi, c'est du cubisme qu'est née l'abstraction de Mondrian.

▪ Mouvement

L'assertion « tout bouge, tout court, tout se transforme rapidement » (Marinetti, *Figaro*, février 1909) du *premier* manifeste futuriste* reflète ce que nombre d'artistes ont ressenti en ce début de siècle, où les inventions (chemin de fer) changeaient considérablement le rapport au temps et à l'espace. Ainsi, certains rejettent le cubisme des pionniers, jugé trop statique (voir futurisme*). Pourtant, Braque* fut le premier à intégrer le mouvement dans ses toiles. Sans chercher à le représenter directement, il crée entre 1908 et 1913 un espace qui va peu à peu mouvoir les objets* vers le spectateur. Si bien que demeuré en creux en 1908, par un phénomène de vibration, il pousse l'objet vers la surface plane (cubisme analytique) puis l'expulse en dehors de la toile avec les constructions*. Toutefois, ce genre de motion au ralenti ne pouvait satisfaire les artistes de la Section d'Or* fascinés par le dynamisme et la vitesse, ni les futuristes qui font de la figuration du mouvement leur cheval de bataille. Mais cette dernière étant incompatible avec l'espace de la perspective qui cantonnait les objets figés dans la profondeur du tableau, les artistes ne peuvent y aspirer qu'après la destruction de la perspective opérée par les pionniers. Rares sont ceux cependant qui y parviennent ; Gleizes*, Metzinger*, La Fresnaye* optent pour des solutions peu convaincantes. Plus efficaces sont celles qui effectuent un déplacement dans l'abstraction*.

Ainsi Delaunay* et Léger* réussissent brillamment au sein de contrastes colorés à signifier le dynamisme de la vie moderne. Villon* et Duchamp* optent pour une solution originale inspirée de la chronophotographie de Marey et de Muybridge, technique photographique synthétisant sur une image les différentes positions adoptées par un individu en mouvement. (*Nu descendant un escalier n° 2*, 1912, Duchamp). Conscient de la difficulté de figurer un objet en déplacement sur une toile, les artistes ont cherché par la suite d'autres solutions à travers les *Ready-made* (Duchamp) et le cinéma.

Marcel Duchamp, *Nu descendant un escalier n° 2*, 1912, huile sur toile, 146 x 89 cm. Philadelphie, Museum of Modern Art.

■ NATURE MORTE
À LA CHAISE CANNÉE
(Pablo Picasso)

En mai 1912, Picasso*, en introduisant dans une œuvre un morceau
de toile cirée représentant le cannage d'une chaise, invente le collage*.
Cette invention, qui advient vers la fin
du cubisme analytique, résulte des différentes expérimentations effectuées
par Braque* et Picasso tout au long de
leur cordée en montagne. Grâce à
l'insertion des objets illusionnistes* en
1909, des lettres* en 1910, puis du
Ripolin en 1911 (peinture émail de
peintres en bâtiments), Picasso prend
conscience de la capacité de l'espace
cubiste à recevoir des objets* traités
différemment de lui et des corps étrangers. Le collage opère la synthèse des
innovations effectuées durant la
période analytique. Il annonce une nouvelle ère du cubisme : le cubisme synthétique qui comme le signale les trois
lettres JOU (JOU-ER) est la période la
plus ludique du mouvement.

Cette œuvre complexe suppose plusieurs degrés d'interprétations.

En intégrant le réel dans cette œuvre,
Picasso détruit l'illusion picturale. Par
cet acte, il tourne définitivement une
page de l'histoire de l'art puisqu'il
n'est plus besoin, comme on le faisait
depuis Alberti (XVe siècle), d'imiter la
réalité ; il suffit de l'incorporer.

Par le choix d'un cannage peint en
trompe-l'œil (technique illusionniste
des peintres traditionnels) et représenté sur un morceau de toile cirée
(objet à usage quotidien), l'artiste
affirme son mépris pour un procédé
que l'on pensait au service des chef-
d'œuvres. Il montre par ce biais la
supériorité du traitement cubiste ancré
dans la matière picturale, qui peut de

Pablo Picasso, *Nature morte à la chaise cannée*,
mai 1912, huile sur toile entourée de corde,
29 x 37 cm, Paris, musée Picasso.

surcroît accepter l'espace illusionniste. Cinq années seulement séparent les *Demoiselles d'Avignon** de la *Nature morte à la chaise cannée*. Ces deux toiles révolutionnaires, tant pour l'histoire du cubisme que pour l'histoire de l'art du XXe siècle, ont pour point commun de faire cohabiter deux espaces différents au sein d'une même toile. Participant à la nouvelle fonction de la peinture, dont la fin n'est plus simplement esthétique mais réflexive, elles sonnent comme la nécessité d'une prise de conscience qui reprend la théorie de la relativité d'Albert Einstein (1905) : l'espace euclidien de la vie courante n'est qu'un cas particulier, contenu dans des espaces plus complexes auxquels l'homme n'a pas accès.

◼ OBJET
De l'objet imité classique à l'objet type cubiste

Pour respecter l'objet peint et montrer sa vérité, Braque* et Picasso* vont détruire la perspective dont Paulhan rappelle la définition, issue d'un dictionnaire : « ensemble de différences qui séparent la forme apparente d'un objet de sa forme réelle [ou] Science des aspects » (*La peinture cubiste*, 1970). Ainsi, c'est de la transformation de l'espace opéré entre 1907 et 1914 que naît la mutation de l'objet. Durant le pré-cubisme, sous l'influence de la statuaire africaine*

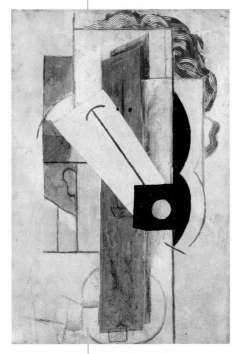

caractérisée par un aspect intellectuel et de Cézanne* qui rejetait l'anecdote, les artistes montre un objet conçu et non plus simplement vu. Ainsi, il est amplifié en 1907-1908, géométrisé en 1908, fragmenté, déchiré en son dos et aplati sur la surface plane afin de figurer ses trois dimensions en 1909.

Durant le cubisme analytique, insatisfaits par la présentation de la totalité des apparences de l'objet, les artistes vont éclater l'homogénéité de sa forme pour en saisir l'essence. Dissolu dans la fusion opérée avec l'espace, il est remplacé par un objet réel plat avec l'invention des collages*, puis sort de la surface plane à travers les constructions*, où il est représenté sous ses trois dimensions, l'ancienne conception de la peinture étant incapable de montrer la vérité de l'objet.

Durant le cubisme synthétique, ses qualités chromatiques et formelles devenues indépendantes, il n'est plus présenté d'un seul coup et apparaît sous ses traits les plus représentatifs (*Tête de jeune fille*, 1913, Picasso). Ainsi, avec le cubisme, on passe d'un objet imité à un objet-type. Si le traitement de l'objet chez Gris* s'inspire du cheminement de Picasso et de Braque, nombre de cubistes ne dépasseront pas les géométrisations et la présentation simultanée de différentes faces. D'autres peintres vont pousser plus loin le cubisme analytique en s'arrêtant à la possibilité de l'espace d'engloutir l'objet ; c'est le cas de Delaunay*, qui le supprime, et de la tendance abstraite* qui rompt définitivement avec le réel (Picabia*, Mondrian*, Malevitch*).

Pablo Picasso, *Tête de jeune fille*, 1913, huile sur toile, 55 x 38 cm. Paris, Centre Georges Pompidou.

Objet illusionniste

À l'automne 1909, au début du cubisme analytique, Braque* et Picasso* peignent des toiles où le découpage en facettes est généralisé à la totalité de la toile, c'est-à-dire pratiqué aussi bien sur les objets* que sur l'espace.

Cette technique, bien qu'elle leur permette d'assouplir les compositions devenues trop rigides en 1908, pose toutefois des problèmes de lecture dans les natures mortes. En effet, les difficultés n'apparaissent pas dans les portraits ou figures, l'ancrage spatial étant figuré par la verticalité de la personne peinte. Afin de résoudre le problème de flottement spatial que connaissent ses toiles, Braque a l'idée d'introduire un clou en trompe l'œil dans *Violon et Palette* (1909). Le clou ayant la propriété de créer, là où il est planté, un mur, il indique la position du tableau et répond au problème d'ancrage spatial inhérent à la pratique d'une abstraction* grandissante.

Braque utilise ce procédé jusqu'en 1910 et le délaisse en 1911, celui-ci devenant inutile en raison de la très grande structure de ses compositions. Picasso, comprenant que l'espace cubiste peut accepter des objets illusionnistes, reprend à son compte cette invention en l'élargissant à d'autres objets qui conservent la fonction de repères spatiaux et ont en plus une valeur de signes. Ainsi à Cadaqués, il introduit une clef dans *La table de toilette* (1910), puis d'autres objets comme une embrase de rideaux dans

Guéridon, verres, tasse et mandoline (1911).
En faisant appel à l'esprit de synthèse du spectateur qui, face à des toiles abstraites munies de signes, doit reconstituer ce qui est représenté, Picasso et Braque, par l'intégration des objets illusionnistes, s'engagent vers le cubisme synthétique.

Georges Braque, *Violon et palette*, 1909, huile sur toile, 91,7 x 42,8 cm. New York, Guggenheim Museum.

« Un Picasso étudie un objet comme un chirurgien dissèque un cadavre… »

(Apollinaire, *Les Peintres cubistes*, 1913)

▪ Orphisme

En 1912, Apollinaire* distingue, lors de l'exposition de la Section d'Or*, le cubisme scientifique du cubisme orphique. Le nom « orphisme » fait clairement référence à son poème *Orphée* de 1908, qui traite de poésie* pure, sorte de « langage lumineux ».

La tendance est révélée au public au Salon des Indépendants de 1913, qui réunit des peintres tels que Kupka, Picabia*, Léger* et Kandinsky. Elle est « l'évolution lente et logique de l'impressionnisme, du divisionnisme, de l'école des fauves et du cubisme », déclare le poète (*L'Intransigeant*, 1913). En réalité, elle est surtout pratiquée par ses fondateurs : Robert* et Sonia Delaunay*. Elle prend sa source dans le cubisme analy-

tique, reprenant la platitude de l'espace et l'abstraction*. Durant sa période destructrice (1910-1912), Delaunay brise les objets* par la répartition de la lumière.

Poussant ce procédé à son comble et constatant sa faculté vibratoire, « la destruction de l'objet lui semble devoir être acceptée comme définitive » (Francastel). Dès lors il se détache du côté statique et monochrome du cubisme en puisant son inspiration non plus dans les objets extérieurs mais dans la lumière elle-même, procréatrice de dynamisme et de forme.

La série des *Fenêtres* (1912) annonce la naissance de l'orphisme. « J'eus l'idée à cette époque d'une peinture qui ne tiendrait techniquement que de la couleur*, des contrastes, mais se développant dans le temps et se percevant simultanément, d'un seul coup » (Delaunay).

Il élabore une méthode personnelle et peint les *Disques* et les *Formes circulaires* (1912-1913) en faisant l'expérience de regarder fixement la lune et le soleil. Le tableau traduit les impressions imprimées par la lumière sur sa rétine.

Par le jeu de « contrastes simultanés* » (Chevreul), la couleur, devenue élément suprême et exclusif, assure désormais la construction de l'espace et l'expression du dynamisme du tableau. On passe d'un art objectif (cubisme) à un art inobjectif (orphisme), annonçant la transition vers l'abstraction.

Robert Delaunay, *Forme circulaire, soleil, n° 2*, 1912-1913, peinture à la colle sur toile, 100 x 68,5 cm. Paris, Centre Georges Pompidou.

Georges Braque,
Aria de Bach,
1914, collage
et crayon,
63 x 50 cm.
Paris, Centre
Georges
Pompidou.

■ PAPIER COLLÉ
La révolution spatiale

En septembre 1912, Braque*, de séjour à Sorgues, profite de l'absence de Picasso* pour créer le papier collé dans *Compotier et Verre*. Cette invention résulte de la série d'innovations réalisées pendant le cubisme analytique, notamment de la technique de faux bois empruntée aux peintres décorateurs. C'est devant la vitrine d'un marchand où sont exposés des papiers peints imitant le bois que l'artiste a l'idée de remplacer les aplats effectués à l'aide d'un peigne copiant le bois sur ses toiles par ceux-ci. Véritable révolution, cette découverte est rapidement reprise par d'autres cubistes dont Picasso, Gris*, Derain* et Laurens. Fidèles à l'idée, les artistes vont peu à peu remplacer le papier peint à motif de faux bois par des ornements à fleurs, des papiers journaux. Cette invention est capitale tant au niveau des agencements spatiaux qu'au niveau de la notion de tableau. Braque y trouve un moyen d'engendrer un espace révolutionnaire par sa platitude mais aussi par sa capacité à distinguer les éléments picturaux. Non plus creusé par l'effet pictural mais situé au-dessus de la toile, l'espace du papier collé mêlé au dessin fait avancer les objets* vers le spectateur. Permettant de dissocier les éléments picturaux, Braque y voit le moyen de réintroduire la couleur*. Picasso, quant à lui, mêle des dessins inspirés des formes inversées, et donc non imitatives, d'un masque Wobé, à différents papiers. Exercice qui lui confirme la capacité de son espace à cohabiter avec d'autres, le collage* lui ayant déjà révélé l'acception possible de l'espace réel et perspectif.

Désormais, avec les papiers collés et les collages, le tableau n'est plus réservé à la matière picturale ; il devient un champ où cohabitent des matières différentes. Le souci de Braque de créer un espace capable de mener les objets vers le spectateur, et celui de Picasso d'engendrer un espace total, conduit les artistes à l'invention des assemblages et des constructions*. C'est le début du cubisme synthétique.

■ Peintres cubistes, méditations esthétiques (Les) (Apollinaire*)

En mars 1913, Apollinaire publie aux Éditions Figuière *Les Peintres cubistes, Méditations esthétiques*. Conçu au milieu de 1912, cet ouvrage consacré aux fondements de la nouvelle esthétique, à ses créateurs mais aussi aux nouveaux arrivants depuis l'exposition au Salon des Indépendants de 1911 (Metzinger*, Gleizes*, Laurencin*, Gris*, Picabia*, Duchamp*, Duchamp-Villon*), devait paraître en octobre 1912. Mais le poète hésite à publier un livre sur un art qui se divise et dont lui-même a signalé « l'écartèlement » lors de l'exposition à la Section d'Or*. Le livre ne sort donc que l'année suivante et subit quelques remaniements. Il est divisé en deux parties, la première regroupe des réflexions sur le nouvel art – élaborées depuis 1908 et dont certaines sont parues dans les *Soirées de Paris* (1912) –, la seconde est consacrée aux nouveaux peintres. Il en résulte un livre un peu confus, qui a surtout aujourd'hui une valeur historique. En effet, on ne

Guillaume Apollinaire.

tient plus compte des quatre catégories en lesquelles Apollinaire divise le mouvement (cubisme scientifique, cubisme physique, cubisme intuitif, cubisme orphique) et l'on n'accorde plus la même importance à des peintres comme Metzinger et Gleizes, qu'il n'hésite pas à ranger dans le cubisme scientifique à côté de Picasso*.

On peut aussi reprocher au poète, trop enclin à l'affectif, de citer des artistes comme Laurencin et Le Fauconnier, dont les recherches sont fort éloignées de la définition du mouvement, pourtant juste, qu'il donne lui-même : « ce qui différencie le cubisme de l'ancienne peinture, c'est qu'il n'est pas un art d'imitation mais un art de conception qui tend à s'élever jusqu'à la création ».

Néanmoins, on ne peut que souligner l'audace du poète et le caractère prophétique de ses révélations. Par la publication de ce livre à un moment où la critique était fortement hostile à l'égard du cubisme, Apollinaire s'impose comme le premier défenseur de deux mouvements capitaux du XXᵉ siècle, à savoir le cubisme et l'orphisme*.

▪ Perspective

Depuis Alberti, les peintres ont utilisé la perspective pour figurer le contenu et l'espace du tableau. « Fenêtre ouverte sur le monde », ce dernier montre à partir d'un point de vue un objet* en deux dimensions. L'artiste utilise le modelé, le clair obscur pour figurer les volumes. Il figure l'illusion des trois dimensions des objets et de la profondeur à l'aide de règles de perspective qui sont au nombre de trois selon Léonard de Vinci : la perspective linéaire, selon laquelle toutes les lignes se rejoignent en un seul point appelé point de fuite, la perspective des couleurs* et la perspective de diminution, selon lesquelles la couleur ou l'achèvement diminue en fonction de l'éloignement de l'œil.

Règle spatiale valant pour norme depuis quatre siècles, celle-ci est contestée par Manet, Cézanne* et Degas, suite au développement de la modernité industrielle qui a transformé le rapport au temps et à l'espace (chemin de fer). Mais pour autant, aucun autre moyen de représenter l'espace n'est encore trouvé.

La destruction de la perspective fut le premier cheval de bataille du cubisme. Braque* et Picasso* lui reprochent d'être régie par le principe de l'imitation et d'être limitée à un point de vue qui mutile la chose. Ils vont lui substituer un nouvel ordre spatial, dont la plupart des cubisteurs vont profiter. L'Espagnol fait un premier pas dans *Les Demoiselles d'Avignon** en créant un espace capable de recevoir différents points de vue d'une figure. Braque, en 1907, élabore le « renversement de perspective » (*Maison à l'Estaque*, 1908). Désormais, « au

Georges Braque, *Maisons à l'Estaque*, 1908, huile sur toile, 73 x 59,5 cm. Troyes, musée d'Art Moderne.

lieu d'adopter un premier plan à partir duquel, par les moyens de perspective, on produit l'illusion d'une profondeur fictive, le peintre part du fond du tableau. […] Il fait venir en avant une sorte de schéma formel, où la position de chaque objet est clairement exposée par rapport au fond établi et par rapport aux autres objets » (Kahnweiler*). L'invention du papier collé* abolit l'espace de la perspective, au profit de l'espace conceptuel du cubisme synthétique. En 1913, Picasso confronte espace cubiste et perspectif, afin, toujours d'engendrer un espace capable de montrer la vérité de l'objet. Le cubisme, en détruisant la perspective, ouvre une nouvelle ère spatiale.

« *La perspective est trop mécanique pour permettre à quelqu'un d'avoir une pleine possession des choses. […] C'est comme si quelqu'un passait son existence à dessiner des profils et finissait par croire que l'homme n'a qu'un œil.* »

(Braque, *Le jour et la nuit*, Paris, Gallimard, 1952)

■ Picabia (Francis)

Le peintre et écrivain Francis Picabia (1878-1953) naît à Paris. Doué pour les arts, il suit une formation à l'Ecole des Beaux-Arts et aux Arts Décoratifs, tout en fréquentant l'Académie Humbert où il rencontre Braque* et Marie Laurencin*. En 1894, sous l'influence de Sisley, il se convertit à l'impressionnisme (*Bords du Loing*, 1905), puis il est séduit par l'exaltation de la couleur du fauvisme. En 1908, l'homme fortuné n'hésite pas à remettre en cause ses

recherches jugées insatisfaisantes, bien qu'elles soient appréciées. Il va un temps explorer le cubisme, jusqu'à parvenir à « une peinture située dans l'invention pure qui recrée le monde des formes suivant son propre désir » (Picabia cité par G. Dubuffet, *Aires abstraites*). Ainsi, c'est le caractère constructif et la capacité d'abstraction* du cubisme, encore en germe en 1909, qui vont séduire l'artiste. Dès 1909, *Caoutchouc* laisse entrevoir sa prédisposition à l'abstraction. Les toiles peintes entre 1910 et 1911, inspirées de

la démarche cubiste, sont encore réalistes* et témoignent d'une attention aux volumes, aux rapports de formes et de couleurs* (*La Procession de Séville*, 1912). Fasciné par le dynamisme et la couleur, il se distingue du cubisme orthodoxe. En 1911, il rencontre Duchamp* qui l'intègre au groupe de Puteaux, et participe à l'exposition de la Section d'Or* (*Danse à la source*, 1912). Catalogué orphiste* par Apollinaire* suite au Salon des Indépendants de 1913, il se démarque du fondateur Delaunay* par une utilisation de la couleur non contrastée. Dès 1913, l'artiste clôt sa période cubiste en puisant sa source d'inspiration non plus dans le réel mais dans son imagination. Il peint des toiles abstraites aux formes éclatées, dynamiques, colorées (*Udnies, Édtaonisl*), qui soulèvent des protestations au Salon d'Automne de 1913. Il choisit les États-Unis pour faire la promotion de ce nouvel art, qu'il présente à l'Armory Show de New York. Il y fonde en 1915, avec Duchamp, le journal *391* qui est à l'origine du dadaïsme.

Francis Picabia, *Caoutchouc*, 1909, aquarelle, gouache et encre de chine sur carton, 45,7 x 61,5 cm. Paris, Centre Georges Pompidou.

■ PICASSO (PABLO)

Pablo Picasso, *Tête de femme (Fernande)*,
1909, bronze, 40,5 x 23 x 26 cm,
Paris, musée Picasso.

Né à Malaga en 1881, Picasso est initié très tôt à la peinture par son père José Ruiz Blasco, professeur de dessin et conservateur municipal. Formé à l'école des Beaux-Arts de Barcelone et de Madrid, il s'engage tout d'abord dans une voie académique. Rapidement, il fréquente l'avant-garde catalane et apprécie Degas et Lautrec. Bien que son exposition chez Vollard en 1901 soit un succès, le peintre, marqué par le suicide de son ami Casagemas, renonce au classicisme. Il peint alors des figures tristes couvertes de bleu jusqu'en 1905, puis des personnages de cirque durant la « période rose ».

L'espace est devenu abstrait* et les figures, influencées par l'art ibérique, proposent une nouvelle plastique, mais Picasso reste insatisfait. Rejetant l'art illusionniste des anciens et incapable de proposer une autre peinture, il traverse une crise. Il sort de cette impasse suite à sa visite, en juin 1907, au Musée du Trocadéro, où sont exposées des sculptures africaines*. Fasciné par leur aspect rationnel, il s'oriente désormais vers une peinture objective. Très vite, il achève *Les Demoiselles d'Avignon**, qui rompt de façon brutale avec la tradition. C'est le début du cubisme. Fin 1907, Braque*, perturbé par la vision des *Demoiselles*, peint le *Grand Nu**. Entre les deux peintres débute alors une collaboration étroite d'où jaillira le cubisme orthodoxe.

Plus soucieux de l'objet que Braque, Picasso entame une série d'expériences visant à montrer sa réalité. Tour à tour, celui-ci est exagéré et solidifié à Paris (*Femme tenant un éventail*, 1908), géométrisé à La Roche-Guyon en 1908, fragmenté et aplati à Horta del Ebro en 1909, et voit ses contours éclater à Cadaqués en 1910.

Pablo Picasso, Femme tenant un éventail, 1908, huile sur toile, 152 x 101 cm, Leningrad, musée de L'Ermitage.

C'est en 1912, en inventant le collage*, que Picasso parvient à ses fins. En intégrant un morceau de toile cirée dans la *Nature morte à la chaise cannée**, l'artiste détruit l'illusion picturale. Désormais, la fonction de la peinture n'est plus d'imiter la réalité mais de l'incorporer. Parallèlement, l'artiste engage un dialogue entre peinture et sculpture qui conduit à révolutionner cette dernière. En matérialisant les fragmentations opérées sur les toiles par l'opposition de surfaces concaves et convexes, il crée la sculpture* cubiste (*Tête de Fernande*, 1909). Perpétuant le parallèle, les volumes sont inversés (*Guitare*, 1912), brisés et ouverts (*Le Verre d'absinthe*, 1914), décomposés, reconstitués, colorés (*Le Violon*, 1915), si bien que du même coup la sculpture rompt avec sa fonction imitative.

■ Poésie

Suite à la publication en 1917 du *Cornets à Dès* de Max Jacob* et de l'article « Sur le Cubisme » dans *Nord Sud* de Pierre Reverdy, leur poésie, celle de Guillaume Apollinaire, d'André Salmon et de Blaise Cendrars fut qualifiée par les critiques littéraires de « poésie cubiste ». En rapprochant leur conception de la poésie et le cubisme, les deux poètes révélaient en quoi la poésie avait été régénérée par une appropriation de principes picturaux. En effet, au moins deux principes cubistes et orphistes* sont intégrés dans leurs œuvres : l'essentialisme et la simultanéité*.

Comme les peintres, les poètes rejettent la tradition (le symbolisme) en procédant à une purification. L'idée d'Apollinaire, écrit André Billy dans *Les Écrits nouveaux* : « était de séparer la poésie de la sensibilité, de la "littérature", et, ils avaient décidé pour cela de saisir tout crus les mots que les hommes emploient entre eux en dehors de tout artifice littéraire ».

Cette quête de l'essentiel conduit Louis Aragon, dans « La Tour parle » (1910), à supprimer la ponctuation, bientôt suivi par Cendrars, Reverdy et Apollinaire (*Les Fenêtres*, 1912). S'intéressant aux possibilités visuelles de la poésie, ce dernier envisage pour titre de ses *Calligrammes*

« La Cravate et la montre », Calligramme de Guillaume Apollinaire, paru à titre posthume en 1918.

« Et moi aussi je suis peintre » et intègre la notion de simultanéité à ses poèmes.

Le plus bel exemple de poésie simultanée est sans doute l'ouvrage de Sonia Delaunay* et Cendrars : *La prose du Transsibérien et de la petite Jehanne de France* (1913), qualifié par eux-mêmes de « premier livre simultané ». Présenté de façon à ce que le regard perçoive simultanément texte et peinture (pliage de deux mètres), le récit de Cendrars, qui conte en un rythme saccadé le voyage de Moscou à Paris d'une prostituée et d'un poète, joue sur les oppositions passé/présent, rêve/réalité, douceur/insulte, et fusionne avec les contrastes simultanés de Sonia Delaunay.

Les poètes appliquent à leurs œuvres les structures formelles des tableaux (Apollinaire, *Venu de Dieuze*, 1915). Doté d'une logique interne et animé par un souci de totalité, le poème est présenté sur une seule page, constitué de phrases libres (verticales, horizontales, arrondies) ou forme des dessins reflétant le sens du texte (*La Cravate et la montre*, Apollinaire).

En nécessitant un nouveau type de lecture et de déchiffrement, le poème, au même titre que les tableaux cubistes, s'adresse désormais à l'esprit du lecteur. Devenu poème-objet, il affirme son autonomie.

« *À cette époque, les peintres et les écrivains, c'était pareil. On vivait mélangés avec probablement les mêmes soucis. On peut même dire que chaque écrivain avait son peintre. Moi j'avais Delaunay et Léger ; Max Jacob avait Picasso ; Reverdy avait Braque et Apollinaire tout le monde* ».

(Blaise Cendrars, *Arts*, 1954)

LA CRAVATE ET LA MONTRE

LA CRAVATE
DOU
LOU
REUSE
QUE TU
PORTES
ET QUI T'
ORNE O CI
VILISÉ
OTE- TU VEUX
LA BIEN
SI RESPI
RER

COMME L'ON
S'AMUSE
BIEN

les   la
heures

et le   beau
vers   Mon
dantesque   cœur   té
luisant et
cadavérique   de
                                        la
le bel   les
inconnu   Il   yeux   vie
                 est   Et
                 —   tout   pas
                 5   se
                 en   ra   se
                 fin   fi
                          ni   l'enfant   la
les Muses   dou
aux portes de
ton corps   leur

l'infini   Agla
redressé   de
par un fou
de philosophie   mou
                                        rir

semaine   la main

Tircis

■ PORTRAIT DE JOUEURS D'ÉCHEC (Marcel Duchamp)

Peint en décembre 1911, après la lecture du *Traité élémentaire de géométrie à quatre dimensions* d'Elie Jouffret (1903), le *Portrait de joueurs d'échecs* marque l'aboutissement d'une série d'études sur le jeu d'échec. Dans cette œuvre, Duchamp* fait preuve d'une grande compréhension du cubisme et manifeste un intérêt particulier pour la question de l'espace, qu'il enrichit d'une réflexion personnelle. Il représente ici ses deux frères, Villon* (à droite) et Duchamp-Villon* (à gauche) lors d'une partie. En réunissant les deux figures en un schéma unique, indiqué par le titre, il aborde le thème du miroir associé à la notion d'illusion. La fusion des deux figures du centre, présentée à travers un seul point de vue, semble ainsi dénoncer les limites de l'espace perspectiviste attaché au domaine des apparences. C'est pourquoi, dans le haut de la toile, chaque portrait est répété sous un angle nouveau afin d'insérer les figures dans un espace de la quatrième dimension* déformé par le temps. Pour se concentrer sur les formes, Duchamp s'est obligé à peindre sous la « lumière verdâtre du gaz d'un vieux Bec Auer » et reste ainsi dans les tonalités monochromes cubistes.

Par la géométrisation des volumes, les passages, la palette restreinte, les divers angles de vue, cette œuvre s'inscrit dans la lignée du cubisme analytique de Braque* et Picasso*. Mais Duchamp s'attache surtout au problème de la transparence, déjà abordé par les pionniers mais jamais de façon aussi flagrante. En effet, il matérialise ici un espace de la clairvoyance, dans lequel il devient possible de voir à travers les objets* : les pièces de jeu d'échecs sont visibles à travers la joue du personnage de gauche et les différents visages de droite laissent transparaître les parties situées à l'arrière. Puis, par la multiplication des figures présentées par un faible pivotement, apparaît ici le prochain axe du travail de l'artiste qui consistera à représenter une image statique du mouvement* (*Nu descendant un escalier n° 2*, 1912). Enfin, le format carré de la toile associé à l'absence de l'échiquier, à la grille cubiste et à la platitude de l'espace laisse entendre que le monde est semblable à un échiquier, parcouru par des hommes réduits à l'état de pions, dupés par leur sens et incapables d'envisager une autre réalité. Cette idée, déjà soulevée par Platon (*Le Mythe de la caverne*), est aussi un thème de prédilection de la science-fiction.

Marcel Duchamp,
Portrait de joueurs d'échecs, 1911,
huile sur toile, 108 x 101 cm
Philadelphie, The Museum of Art, Collection Arensberg

Portrait de
Fernande Olivier,
Pablo Picasso et
Ramon Reventos,
Barcelone, 1906,
15,5 x 20,5.
Paris, musée
Picasso.

■ Princet (Maurice)

« J'ai assisté à la naissance du cubisme, à sa croissance, à son déclin. Picasso* en fut l'accoucheur, Guillaume Apollinaire* la sage-femme, Princet le parrain », explique Vlaminck (*Comedia*, juin 1942, cité dans *Max Jacob* *et Picasso*, Seckel). L'apport de Princet dans l'aventure du cubisme fut aussi majoré par Vauxcelles* et Salmon* (*Souvenir sans fin II*, 1956), qui en firent l'initiateur de « la quatrième dimension* » auprès des peintres. Pourtant, comme le note Jacob, « il y a fort peu de mathématiques dans le cubisme. Il est certain qu'on pourrait appliquer les paraboles arithmétiques mais en admettant que Princet les eût connues, Picasso aurait été bien en peine de les appliquer » (Lettre de Jacob à Salmon, *Max Jacob et Picasso*). Maurice Joseph Princet (1875-1971), mathématicien et actuaire, est un témoin attentif de l'aventure du cubisme.
Installé à Montmartre, habitué du Bateau-Lavoir, il organise avec sa femme Alice des soirées où Apol-linaire, Jacob et Picasso échangent diverses réflexions et s'adonnent à la volupté de l'opium et du haschich (Fernande Olivier, *Picasso et ses amis*). Devenu proche de Metzinger, il participe ensuite aux réunions de Puteaux. Par ses connaissances en mathématiques, il est certainement d'un soutien intellectuel utile aux peintres qui, en détruisant la perspective*, matérialisent un espace sujet à l'incompréhension. Il est sans doute à l'origine du rapprochement de leurs œuvres avec la *Théorie de la relativité* d'Einstein, qui fait parler Apollinaire de « quatrième dimension ». Il est probable qu'en faisant part de ses connaissances aux peintres, il précise leurs recherches, notamment celles de Picasso qui, à partir de 1912, fait cohabiter plusieurs espaces (cubiste et perspectif). Mais Princet a certainement plus d'affinités avec le groupe de la Section d'Or*, alors passionné de sciences exactes et qui éprouve le besoin de justifier scientifiquement les directives du cubisme (Metzinger*, Gleizes*, Gris*).

■ QUATRIÈME DIMENSION
Un espace révolutionnaire

Dans *Les Peintres cubistes**, Apollinaire* écrit : « Les peintres ont été amenés tout naturellement et, pour ainsi dire, par intuition, à se préoccuper de nouvelles mesures possibles de l'étendue que dans le langage des ateliers* modernes on désignait toutes ensemble et brièvement par le terme de quatrième dimension. » Ce terme apparenté à la question de l'espace fut sans doute révélé aux peintres par le mathématicien Maurice Princet. Loin d'avoir précipité la révolution cubiste, le mathématicien permit d'éclairer intellectuellement les artistes qui matérialisaient à leur insu la théorie de la relativité d'Einstein publié en 1905, alors dans l'air du temps. Celle-ci, en posant l'existence d'espaces complexes invisibles qui cohabitent avec l'espace euclidien de la vie courante, s'apparente aux recherches picturales soucieuses de détruire l'espace illusionniste. Refusant le point de vue unique imposé par la perspective*, qui « ne donne jamais la pleine possession des choses » (Braque*), les pionniers vont peindre les différentes faces des objets* après avoir pris le temps d'en avoir fait le tour. La quatrième dimension impliquant d'ajouter aux trois dimensions de l'espace celle du temps, elle conditionnait la déformation de l'objet. Metzinger*, Gleizes*, Gris* et Marcoussis* s'empressent de matérialiser ce nouvel espace. Duchamp* offre à partir de 1911 un espace réévalué par la dimension d'un temps accéléré ou ralenti. Ainsi, dans *Yvonne et Magdeleine déchiquetées* (1911), l'espace devient capable de représenter une figure dans un temps long, les deux sœurs étant représentés à des âges différents. Puis en 1912, il soumet l'espace à un temps ralenti synthétisant les différentes positions d'une figure en mouvement (*Jeune Homme triste dans un train*, 1911). Les travaux effectués par Picasso à partir de 1912 (*Nature morte à la chaise cannée**, 1912 ; *Femme en chemise*, 1913), s'inscrivent pleinement dans cette logique en faisant cohabiter différents espaces : perspectif et cubiste.

Marcel Duchamp, *Les Joueurs d'échecs*, décembre 1911, huile sur toile, 50 x 61 cm. Paris, Centre Georges Pompidou.

Réalisme

Bien que la matérialisation de ce nouvel espace conduise Picasso* et Braque* à détruire l'espace de la perspective* et donc à matérialiser un espace qui durant la période analytique et synthétique ne reflète plus le réel, le cubisme est un réalisme. En effet, les artistes n'ont jamais voulu rompre avec le réel, comme en témoigne l'intrusion d'objets illusionnistes*, de lettres*, puis d'objets* réels à partir de 1912. Les deux artistes ont toutefois démontré, l'incapacité de la peinture à imiter le réel. Par conséquent, le cubisme est un réalisme, mais un réalisme non figuratif. Bien que l'on qualifie les toiles de la phase hermétique d'abstraites, l'abstraction* est un moyen par lequel les artistes ont cherché une façon non imitative de figurer le réel, et ne fut jamais une fin en soi. « Le cubisme ne visait pas à l'abstraction, il procédait par phase abstraite » (Braque).

Si Gleizes* et Metzinger*, dans Du Cubisme*, affirme leur rejet de l'imitation sans insister sur la nécessité de ne pas rompre avec le réel, Léger*, dont les toiles réalisées entre 1912 et 1916 ont souvent été considérées comme les prémices de l'abstraction, est très clair à ce sujet. Rejetant l'art imitatif traditionnel, il insiste sur la nécessité de garder un équilibre entre « les lignes, les formes et les couleurs* », seuls garants du « réalisme » qui conditionne la « qualité d'une œuvre d'art » (Le Soldat à la pipe, huile sur toile, 1916). De même, Delaunay*, qui engendre un espace qui n'a plus de lien avec le réel et les objets, se distingue de l'art abstrait dans la mesure où il s'inspire du réel (la lumière) et reste attaché à la représentation. « Représenter est à la base de la plastique, représenter ne veut pas dire copier, ni imiter, mais créer » (Delaunay cité par Cabanne).

Ainsi, en optant pour un réalisme de conception plutôt que pour un réalisme d'imitation, le cubisme pose que la valeur du tableau ne réside plus ni dans son contenu, ni dans sa capacité à imiter le réel, mais dans sa valeur plastique, et affirme ainsi son autonomie.

Fernand Léger, Le Soldat à la pipe, 1916, crayon sur papier, 19 x 14 cm. Paris, Centre Georges Pompidou.

« La valeur réaliste d'une œuvre est parfaitement indépendante de toute qualité imitative.[...] La qualité d'une œuvre picturale est en raison directe de sa quantité de réalisme.[...] Le réalisme pictural est l'ordonnance simultanée de trois grandes quantités plastiques : les Lignes, les Formes et les Couleurs. »

(« Les origines de la peinture et sa valeur représentative », conférence du 5 mai 1913 donnée par Léger à l'Académie Wassilieff, publiée dans Montjoie !, n°8, 29 mai 1913, et n°9-10, 14-29 juin 1913. In Fonctions de la peinture, Denoël/Gonthier, Paris, 1965, pp. 11-19.)

■ RENDEZ-VOUS
Paris, capitale des arts

Dans un premier temps, les artistes font connaissance dans des lieux liés à l'art, dans les Académies Humbert, Ranson ou Jullian ou encore à l'école des Beaux-Arts. Puis chez les collectionneurs Stein, rue Fleurus, ou encore dans les rares galeries qui soutiennent la nouvelle peinture : chez Kahnweiler* rue Vignon, Clovis Sagot, Vollard rue Lafitte, Druet, Berheim-Jeune à la Madeleine, chez Berthe Weil rue Victor-Massé, chez le père Soulier rue des Martyrs.

Mais les artistes aiment surtout se donner rendez-vous au café, au restaurant, au dancing. Ainsi, près du Bateau-Lavoir, à Montmartre, on s'aperçoit au Lapin Agile, au Moulin à la Galette ,au Rat mort, au Chat Noir chez Bruant, au Quat'z' Arts. Puis la reconnaissance des peintres augmentant, ils délaissent les ateliers* vétustes de Montmartre pour ceux plus cossus de Montparnasse. Chaque mardi, se tiennent à la Closerie des Lilas les rendez-vous de *Vers et Prose* fondé par Paul Fort. Le Café de l'Ermitage devient très en vogue en 1911 ; on y rencontre les futuristes*, Marcoussis* et sa compagne Eva Gouel, future amie de Picasso*, autre habitué du lieu. Puis on se donne rendez-vous au Nègre de Toulouse, chez Jouven boulevard Raspail, au théâtre rue de la Gaité, chez Rosalie rue Campagne Première, au Dôme et à la Rotonde, QG de Picasso, et dans un dancing à la mode, le Bal Bullier, dont les Delaunay* sont des inconditionnels.

À partir de 1912, certains tentent de faire du quartier de Passy un concurrent des précédents ; Gleizes* lui dédie une toile (*Passy*, 1912). On organise des dîners présidés par Henri Barzun, éditeur de la revue *Poème et Drame*. Deux sont désormais célèbres : le premier, qui a lieu dans la maison de Balzac rue Raynouard (septembre 1912), réunit Duchamp-Villon*, Le Fauconnier, La Fresnaye*, Laurencin*, Apollinaire*, Léger*, Mare, Metzinger* et Picabia* ; puis, celui qui a lieu fin 1912 en l'honneur de Cézanne*, dont La Fresnaye prononce l'éloge.

Photographie d'André Salmon devant *Trois Femmes*, Paris, Bateau-Lavoir, 11,1 x 8,1 cm. Paris, musée Picasso.

■ Salmon (André)

Poète, critique d'art et écrivain, André Salmon (1881-1969) fut un des plus grands défenseurs du cubisme avec Apollinaire* et Raynal. Contrairement à ce dernier, il mena une action publique. Né à Paris, le poète s'introduit en 1904 dans la bande du Bateau-Lavoir et fré-

Georges Paul Leroux, *Six heures du soir, l'animation du boulevard Montparnasse*, 1920, fusain et gouache sur papier gris, 22,5 x 41,2 cm. Paris, Centre Georges Pompidou.

quente quotidiennement l'Espagnol, Jacob* et Apollinaire. Profitant des distances prises par ce dernier, il se rapproche de Picasso* en 1907, bien qu'il fut lui aussi dérouté par l'entreprise des *Demoiselles d'Avignon**. C'est lui qui permit en 1916 de révéler cette œuvre au public en la présentant à l'exposition du Salon d'Antin, et qui lui donna son titre définitif. En 1920, dans *L'Esprit nouveau*, il constate que cette œuvre, « cratère toujours incandescent d'où est sorti le feu de l'art présent [...] commande le départ de la révolution cubiste ».

Entre temps, en tant que critique d'art, il mène une action défensive des plus importantes au sein de la presse à l'encontre de la méfiance quasi générale de la critique. Il écrit tout d'abord, de 1909 à 1910, dans *L'Intransigeant*, puis cède sa place à Apollinaire. Il intègre alors *Paris journal* en 1910, sous le pseudonyme de « La Palette ». En 1912, il contrebalance les propos de l'hargneux Vauxcelles* au sein du *Gil Blas*. De 1913 à 1914, il tient la chronique des Salons avec Apollinaire dans la revue *Montjoie !*. Ne dédaignant pas la poésie*, ses premiers recueils *Poèmes* et *Féeries*, bientôt suivis par un troisième en 1910, *Le Calumet*, sont les premiers publiés en volumes avant ceux de Jacob et d'Apollinaire. En 1912, il publie *Jeune Peinture française*. C'est dans cet ouvrage, comprenant « Histoire anecdotique du cubisme », qu'est révélée pour la première fois l'existence des *Demoiselles d'Avignon*. Enfin, en 1920, paraît un roman entièrement inspiré par la vie de Montmartre en 1907 : *La Négresse du Sacré-Cœur*.

■ SCULPTURE

L es années 1909-1914, au cours desquelles s'accomplit la révolution de la peinture et de la sculpture, sont le théâtre d'un dialogue très intense entre ces deux arts.

Durant toute l'élaboration du cubisme, Picasso* cherche des solutions picturales à travers la sculpture primitiviste, et inversement applique ses découvertes picturales à ses sculptures. Dès 1906, suite à un examen de la statuaire ibérique, il transforme les visages en masques (*Portrait de Gertrude Stein*). Puis en 1907-1909, par l'étude de la statuaire africaine*, il trouve une nouvelle figuration du volume exprimant ses trois dimensions (*La Dryade*, 1908). Ainsi, Picasso dénature l'essence de la peinture, art à deux dimensions. Inversement, il applique la fragmentation des formes utilisée dans ses toiles (*Femme assise*, 1909), à ses sculptures par l'opposition de surfaces concaves et convexes (*Tête de Femme*, 1909), et dénature le sens de la sculpture, art de l'espace et de la ronde-bosse. Grâce à l'étude d'un masque Grebo (Côte d'Ivoire), il trouve une façon non imitative de représenter les visages, intégrable à l'espace des papiers collés*. Traits synthétiques, révélant la tri-dimension des objets par leur pouvoir « d'inversion des formes » (Daix), qu'il étend à ses constructions (*La Guitare*, 1912).

De même, la révolution sculpturale menée par Archipenko*, Duchamp-Villon* et Brancusi* s'accomplit à la lumière de la peinture, Picasso n'exposant pas dans les salons et leurs prédécesseurs étant restés attaché au naturalisme. Ces sculpteurs se rattachent au cubisme de Picasso par la schématisation géométrique, la décomposition et la synthèse des formes, et par l'opposition de formes concaves et convexes. Mais ils se distinguent par l'intégration du dynamisme dans leurs sculptures (*Le Grand Cheval*, 1914, Duchamp-Villon). Archipenko s'y attèle dans *Medrano* (1912), et arrive à ses fins dans *Archipentura* (1924). Brancusi y parvient par le polissage des matériaux (*Princesse X*, 1918). Les plus belles illustrations du dialogue peinture/sculpture sont sans doute les sculpto-peinture et les jeux de réflexion (*Femme devant son miroir*, 1913) d'Archipenko, dans lesquels il intègre des éléments picturaux : peinture et objet* réel (un miroir). Ainsi, en s'appropriant les propriétés de la peinture cubiste, la sculpture rompt avec sa fonction imitative et impose un nouvel espace totalisant non restreint à l'espace euclidien. Elle passe d'un art visuel à un art conceptuel.

Duchamp-Villon,
Le Grand Cheval, 1914,
bronze, 48 x 49 x 39,5 cm.
Paris, Centre Georges Pompidou.

◼ Section d'Or

Ce groupe d'artistes est fondé en 1910-1911 par Villon*, Duchamp-Villon* et Duchamp*, avec Delaunay*, Gleizes*, Kupka, Le Fauconnier, Léger* et Metzinger*, pour constituer un courant distinct de celui des pionniers. Chaque dimanche de 1911 à 1914, Villon réunit dans son atelier*, rue Lemaître à Puteaux, Salmon*, Apollinaire*, Princet*, et des artistes hétéroclites qui revendiquent la singularité de leur démarche : « là où le cubisme déracine, la Section d'Or enracine » (Villon). Bien que parti du cubisme orthodoxe ils élaborent sous l'influence de l'hôte un système de défense stipulant une recherche de l'harmonie et des formes idéales régies par le principe du Nombre d'Or de la Renaissance, d'où le nom de Section d'Or (Villon). En pratique, la plupart des peintres ignorant la géométrie, ce principe est appliqué de façon plus instinctive que mathématique. Artistes soucieux de s'inscrire dans la modernité, ils s'entretiennent d'art africain*, de géométrie non euclidienne, de futurisme*, et des recherches chronophotographiques de Marey et de Muybridge.

Le caractère intellectuel de leur démarche séduit en 1912 l'orthodoxe Gris. Il fut sans doute pour ces « cubisteurs », avec Metzinger et Apollinaire, un agent d'informations précieux sur les pratiques des Montmartrois. Suite à l'exposition des futuristes chez Berheim Jeune (février 1912), ils exposent à la galerie de la Boétie (octobre 1912) pour révéler les nouvelles directives du mouvement. En plus des fondateurs, l'exposition réunit Archipenko*, Lhote*, De La Fresnaye*, Marcoussis* et Picabia*. Delaunay, soucieux d'éviter les étiquettes, n'expose pas. Bien que trahissant l'influence de Montmartre, les œuvres présentées se distinguent par l'intégration de la couleur*, du dynamisme et du simultanéisme*. Suite à cette exposition, Apollinaire signale « l'écartèlement » du cubisme et la naissance de l'orphisme*. Peu de temps après, les références à la Renaissance et le refus d'appartenir à un groupe provoquent le désistement de Léger, Delaunay, et Duchamp.

◼ Simultanéité

La notion de simultanéité, reflet du modernisme, apparaît dans les arts entre 1907 et 1915. Elle donne lieu à une polémique (1913-1914), sur la paternité du terme entre les futuristes*, le « dramartiste » Barzun, les Delaunay*, Apollinaire* et Cendrars*. Bien que Braque* et Picasso* soient exclus de cette querelle, ils s'intéressent à cette question dès 1907-1908.

Pour signifier la vérité de l'objet*, ils présentent simultanément divers points de vue d'une figure sur la toile (*Demoiselles d'Avignon*). Cette technique est maîtrisée au moment où la perspective* est abolie (1910). Dès lors, les différentes faces de l'objet synthétisées sont présentées simultanément par une superposition des plans (*Portrait de Kahnweiler*, 1910, Picasso*).

Marcel Duchamp au centre, avec ses frères Jacques Villon à gauche, et Raymond Duchamp Villon à droite, Puteaux, France, 1913.

Robert Delaunay, *Fenêtre*, 1912-1913, huile sur toile, 111 x 90 cm. Centre Georges Pompidou.

Ce procédé, qui permet de sortir de la figuration imitative de l'objet, est repris par la plupart des cubistes. Les futuristes, Les Delaunay, Duchamp et les poètes vont toutefois redéfinir cette notion, en en faisant un principe dynamique. C'est grâce à la destruction de la perspective opérée par les pionniers, qui rend possible la sortie d'une représentation figée de l'objet, que cette redéfinition devient réalisable.

Ainsi, suite à la création d'un espace plat, Delaunay traduit simultanément les sensations colorées produites par l'observation du dynamisme de la lumière (*Les Fenêtres*, 1912). Duchamp montre simultanément les diffé-rentes positions d'un corps en mouvement* (*Nu descendant un escalier n° 2*, 1912). Les futuristes représentent simultanément les sensations dynamiques de la vie moderne à l'aide de signes représentatifs (*Hiéroglyphe Dynamique du Bal Tabarin*, 1912, Séverini). Rapidement la simultanéité apparaît dans différents arts. En témoigne l'article d'Apollinaire « Simultanéisme-Librettisme » (*Soirées de Paris**, juin 1914), dans lequel, s'appuyant sur l'œuvre de Picasso pour expliquer sa poésie, « il démontre comment la simultanéité peut être la combinaison en une seule image de plusieurs façons de voir un seul objet » (Golding).

Léopold Survage,
*La Baronne
d'Œttingen*.
Titre attribué :
Portrait de femme,
1917, huile
sur toile,
200 x 235 cm.
Paris, Centre
Georges
Pompidou.

■ **Soirées de Paris (Les)**

En 1912, André Billy fonde avec quelques amis une revue littéraire nommée *Les Soirées de Paris*. Faute de moyens, le fondateur songe dès la fin de l'année à mettre la clef sous la porte, et fait part de ses inquiétudes à Apollinaire*. Celui-ci lui propose de racheter la revue et se tourne, afin de réunir l'argent, vers Serge Jastrebzoff, lui-même peintre cubiste sous le pseudonyme de Serge Ferrat, et vers la sœur de celui-ci, la baronne Hélène Œttingen, grand écrivain connu sous les noms de Roch Grey et Léonard Pieux. Partageant le point de vue esthétique d'Apollinaire et déplorant l'absence d'un journal de défense de la peinture et de la poésie* moderne, ils prennent la co-direction du journal et inaugurent une nouvelle série dédiée à l'art moderne. Apollinaire a maintenant une tribune où il peut exprimer librement ses idées. Rebuté par l'insolence des manifestes futuristes* envers le cubisme, qui a défaut aurait bénéficié d'un accueil chaleureux, Apollinaire prend parti contre lui et fait du journal l'organe officiel de défense du cubisme. Le premier numéro (14 novembre 1913), où sont reproduits cinq tableaux audacieux de Picasso* et publiés des articles de Raynal, Billy et Jacob*, provoque un grand nombre de désabonnements.

De nombreux artistes, dont Picasso, Brancusi*, Sonia Delaunay*, de collectionneurs et marchands, dont Vollard, Chtchoukine, Level, remplacent les anciens lecteurs. Avec ferveur, Apollinaire prend alors position pour le mouvement, parle de « quatrième dimension* » et donne la parole aux artistes. En novembre 1912, paraît son article « La Peinture pure de Delaunay », qui reprend les propos du peintre, et en juin 1913 est publiée la conférence donnée par Léger* à l'académie de Wassilief sur le thème des « réalisations picturales ». Bien que de courte durée, puisqu'il s'arrête à la déclaration de guerre, le journal a mené une action informative efficace et a permis une plus ample compréhension du cubisme dans les milieux artistiques et littéraires d'avant-garde.

■ Survage (Léopold)

Léopold Friedrich Sturzwage naît en 1879 à Moscou dans une famille qui le destinait à reprendre la fabrique de piano paternelle. Prenant rapidement conscience de sa vocation artistique, il se heurte à l'hostilité de son père et préfère quitter la maison familiale. Il entre en 1899 à l'école des Beaux-Arts de Moscou. Ennuyé par l'enseignement traditionnel, il peint un temps à

Léopold Survage, *Rythme coloré*, 1912-1913, mine de plomb et encres sur papier (feuille d'album), 34 x 32 cm. Centre Georges Pompidou.

la manière des impressionnistes découverts chez le collectionneur Chtchoukine. En 1907, il rencontre Archipenko* et immigre à Paris en 1909. Inscrit à l'atelier Matisse, qui vient de peindre *La Danse*, il est bientôt las de l'aspect décoratif et trop classique du fauvisme et préfère s'en remettre à Cézanne* (*Baigneurs*, 1910).

Très attentif, à partir de 1910, aux recherches cubistes de Braque*, Picasso*, Villon* et Gleizes*, il est séduit par les possibilités d'abstraction* et la platitude de l'espace qui associe la toile à l'idée de l'image. En 1911, il expose au Salon des Indépendants dans la salle cubiste et peint des œuvres qui lient géométrisation de formes colorées et expression du rythme (*Composition cubiste*, 1912). Puis il réalise, en 1912-1913, des encres sur papier, *Rythmes colorés*, dont la succession de plus de trois mille images devait servir à la réalisation d'un film. Retenu par la Société Gaumont, ce film ne sera jamais réalisé. Bien que n'ayant pas perpétué ses recherches, il reste l'initiateur de toutes les démarches cinétiques et du cinéma* artistique, dans lequel s'épanouiront plus tard Léger*, Duchamp* et Hans Richter.

En 1913, avec Apollinaire*, il rencontre la baronne d'Œttingen. Il commence à collaborer aux *Soirées de Paris*, dans les pages duquel paraît en 1914 son étude sur les *Rythmes colorés*. Après 1914, l'artiste peint des toiles qui témoignent, par la géométrisation du motif (réduction des maisons à des rectangles), de son intérêt pour le cubisme, et qui, par la juxtaposition et la superposition de larges plans, rappellent les papiers collés* (*L'homme dans la ville*, 1918).

■ **Vauxcelles (Louis)**

Louis Vauxcelles, né en 1870, fut un des critiques les plus célèbres du début du siècle. D'un esprit très conservateur, il ne comprit jamais les démarches avant-gardistes, et tenta avec acharnement

les expositions parisiennes. C'est de ses assertions dans ce quotidien que naît l'appellation du fauvisme (« Mais c'est Donatello parmi les Fauves », octobre 1905), puis du cubisme (« M. Braque […] réduit tout, sites figures maisons, à des schémas géométriques à des cubes », novembre 1908). Son rejet de toute innovation le conduit à émettre des critiques acerbes qui font souvent passer l'analyse au second plan. Qualifiant Léger de « Tubiste » suite aux Indépendants de 1911 (*Nus dans la forêt*), il n'est pas moins décontenancé par l'exposition de la Section d'Or* et *Le Roi et la Reine entourés de nus vite* de Duchamp* qui lui font dire : « le cubiste traversé ou non par des nus en vitesse, c'est Chorcarne-Moreau un peu "bu" » (cité par Cabanne). Picasso* fut sans doute le moins épargné, bien que Vauxcelles ne connaisse pas ses œuvres : « J'ai crainte que le mystère dont s'entoure Picasso ne serve sa légende. Qu'il fasse une exposition […] nous le jugerons. Salmon* le compare à Goethe. C'est bien grave… » (*Les Arts*, 1912). Et suite aux expositions du Salon des Indépendants et d'Automne de 1911, il traite celui-ci de « Ubu-Kub », insinuant que sa peinture est « une entreprise dirigée par les Allemands, contre la peinture française » (Daix). Ce à quoi Picasso répond par le *Bouillon Kub* en 1912. Intraitable, Vauxcelles fut à l'origine d'une rumeur qui laissait entendre que le cubisme n'est que l'application des idées de vulgarisation sur la géométrie non-euclidienne et les théories de Riemann émises par Princet* : « Le cubisme, enfant de M. Princet, était né » (cité par L. Henderson).

de discréditer la cause cubiste. De son vrai nom Louis Mayer, il contribue à divers journaux dont *L'Art et la vie*, avant de tenir, à partir de 1904, la rubrique artistique du *Gil Blas*, où il publie des « papiers » sur

Photographie de Louis Vauxcelles, vers 1920.

■ VILLE DE PARIS (LA)
(Delaunay)

Robert Delaunay* n'a que vingt-sept ans lorsqu'il réalise en une quinzaine de jours un de ses plus grands chef-d'œuvres à l'occasion du Salon des Indépendants de 1912. La ville de Paris clôt une série sur le thème de la ville, et synthétise toute la période destructrice du peintre.

Toile de taille monumentale dans laquelle il réussit le pari d'insérer des figures humaines soumises à un traitement cubiste, cette œuvre fait écho aux Demoiselles d'Avignon* de Picasso*, notamment à travers le travail des figures devenues masques (figure de gauche) et asymétriques (figure de droite).

Delaunay entend surtout, en associant ces nus féminins monumentaux – thème classique – au symbole du modernisme qu'est la Tour Eiffel, insister sur la rupture effectuée avec l'art traditionnel, déjà évoquée dans sa toile Les Trois Grâces de 1909. De même, les rideaux – autre thème classique – posés aux extrémités du tableau, en laissant transparaître les immeubles, rappellent le bouleversement spatial qui a conduit le peintre à détruire la perspective* jusqu'en 1910. Toutefois, c'est par un procédé très élaboré que Delaunay annihile ici la profondeur.

À l'aide d'un « damier emprisonnant les formes du visible dans un filet sans épaisseur » (Jean Clair), il crée un espace plat qui, associé à des teintes claires et bleutées, confère une élégance et une légèreté jamais égalées par les cubistes dans leur

representation de la figure humaine. Par la platitude de l'espace grillagé et l'insertion de la transparence, la fragmentation des formes et la présentation simultanée de différents angles de vue (Tour Eiffel), la toile s'inscrit dans ce que Delaunay nommait « l'époque chaotique, dramatique du cubisme », c'est-à-dire l'époque analytique.

Mais, artiste iconoclaste, par une technique personnelle qui consiste à baigner le motif de lumière et par

l'emploi de couleurs contrastées, il affirme son indépendance à l'égard du mouvement. Utilisant la lumière de façon à détruire l'objet et pour ses capacités vibratoires, il oppose à la volonté cubiste de montrer la totalité de l'objet* un ordre nouveau révélateur du dynamisme de l'objet.

De même, dans cette toile capitale pour l'art moderne, il annonce la construction par la couleur, futur principe exclusif d'un nouvel art qu'Apollinaire* baptisera orphisme*.

Robert Delaunay, *Ville de Paris*, 1912, 267 x 406 cm, Paris, Centre George Pompidou

Jacques Villon,
Soldats en marche,
1913, huile
sur toile,
267 x 406 cm.
Paris, Centre
Georges
Pompidou.

■ Villon (Jacques)

Né à Damville (Eure) en 1875,
Gaston Duchamp dit Jacques
Villon est l'aîné de Duchamp-
Villon* et de Duchamp*. Rapidement, il renonce à des études
de droit et entame une carrière
artistique. Installé à Paris en
1894, il s'inscrit à l'atelier* de
Cormon (1895), puis subit
sommairement l'influence de
Lautrec et des nabis. Peu attiré
par la peinture sentimentale du
moment et soucieux de gagner
sa vie, il collabore régulièrement
à différents journaux *(L'Assiette*

*au beurre, Gil Blas, Courrier
Français)* en tant qu'illustrateur.
« Peindre pour moi ça ne me
disait rien…Tout se passait
comme si j'attendais quelque
chose. Ce quelque chose est arrivé
quand le cubisme a pris son
essor » (Villon). C'est par l'intermédiaire de Duchamp qu'il
découvre le mouvement. Dès
1910-1911, il réunit dans son
atelier de Puteaux différents
artistes, avec qui il redéfinit le
cubisme orthodoxe. Ce foyer
artistique prenant de l'ampleur,
lui attribue le nom d'une figure

géométrique régie par le principe du Nombre d'Or : La Section d'Or*. Séduit par l'aspect constructif et architectural du cubisme, il s'adonne dès 1911 à un cubisme cézannien* (*Portrait de Raymond Duchamp-Villon*) sans considérer la question de l'espace. Redécouvrant en 1912 le *Traité de la peinture* de Vinci, il s'engage vers un cubisme modéré caractérisé par une recherche d'harmonie et par l'application de la structure pyramidale chère à Vinci (*La table est servie*, 1912-1913). Adepte du modernisme, il réintroduit la couleur* en 1912 (*Jeune Fille au piano*) en jouant sur les contrastes de couleurs pures, bien que plus timidement que Delaunay*. Puis, à la suite de Duchamp et des futuristes*, il intègre la notion de mouvement* dans ses toiles (*Soldats en marche*, 1913 ; *L'Équilibriste*, 1914) et expérimente l'abstraction*. Fondateur du groupe, il participe à l'exposition de la Section d'Or (*La Femme qui marche*) en 1912, puis connaît un franc succès à l'exposition de l'Armory Show à New York en 1913.

CHRONOLOGIE

1904 Picasso s'installe au Bateau-Lavoir et se lie avec Apollinaire.
Celui-ci rencontre Derain et Jacob.

1905 Début de l'intérêt de Matisse et Vlaminck pour l'art africain, bientôt suivis par Derain, Picasso et la plupart des cubistes…

1906 Exposition au Louvre de sculptures ibériques provenant des fouilles d'Osuna et de Cerro los Santos

1907 Exposition d'Art africain au Musée du Trocadéro.Kahnweiler ouvre une galerie 28 rue Vignon à Paris.
Juillet Picasso achève les Demoiselles d'Avignon, c'est le début du Cubisme. Braque, Matisse, Derain, Salmon, Kahnweiler, Jacob sont choqués lorsqu'ils les découvrent vers la fin de l'année. Picasso entame une période africaine

Automne Braque réalise « le renversement de perspective » (Daix) à l'Estaque. Rétrospectives de Cézanne au Salon d'Automne et à la galerie Berheim-Jeune et publication de sa lettre à Emile Bernard dans le *Mercure de France* « traitez la nature par le cylindre, la sphère et le cône le tout mis en perspective » : deuxième impact de Cézanne sur la jeune peinture française qui s'oriente dans un sens plus constructif.

1908
Printemps Braque achève son Grand Nu.

Novembre Les toiles ramenées par Braque de l'Estaque sont refusées au Salon d'Automne. Il les expose chez Kahnweiler. Dans son compte rendu du *Gil Blas*, Vauxcelles parle pour la première fois de « Cubes ».

1909 Picasso réalise la première sculpture cubiste.
Début du Cubisme de Brancusi, Léger et Delaunay.

Mai Vauxcelles parle de « bizarreries cubiques » (*Gil Blas*, 25 mai 1909) à propos des toiles de Braque exposées aux Indépendants. Dernière exposition de l'artiste dans les Salons.

Février Premier manifeste futuriste de Marinetti publié dans le *Figaro*.

Été Picasso réalise une image synthétique de différents points de vue : *Femme assise* à Horta del Ebro. Braque est à la Roche Guyon.

Hiver Braque introduit des lettres dans *Le Pyrogène* et le quotidien *Gil Blas*.
Léger s'installe à la Ruche.
Début du cubisme analytique de Braque et Picasso.

1910 Sonia Terk épouse Robert Delaunay. Adhésion au cubisme de Gleizes et Metzinger. Second manifeste futuriste publié dans *Comedia* Salmon cède sa place à Apollinaire à l'Intransigeant

Été Picasso procède à l'éclatement de la forme homogène : le cubisme sombre dans l'abstraction.
Début des rencontres dominicales dans l'atelier de Jacques Villon à Puteaux où se constitue le groupe de la Section d'Or.

1911 Début du cubisme de Gris, Marcoussis, Mondrian.
Apollinaire est arrêté pour recèle et Picasso convoqué par un juge d'instruction à propos d'un vol de sculptures ibériques, effectué au Louvre et achetées par Picasso à Géry Piéret

21 avril-15 juin Salon des Indépendants. Première grande manifestation collective du Cubisme, Braque et Picasso n'exposent pas.
La salle 41 fait scandale. Sont exposés Archipenko, Delaunay, Duchamp, Gleizes, La Fresnaye, Le Fauconnier, Léger, Metzinger, Laurencin, Picabia. Léger expose *Nus dans la forêt*. Vauxcelles le qualifie de « tubistes ». Delaunay expose *La Tour Eiffel rouge*.

Automne Au Salon d'Automne la salle VIII où sont réunis les cubistes fait scandale

1912 Début du cubisme de Matisse, Malévitch.
Gris et Picasso signe un contrat d'exclusivité avec Kahnweiler.
Retour de la couleur.

Février Exposition des Futuristes à la galerie Berheim Jeune.

Printemps Au Salon des Indépendants Delaunay expose La Ville de Paris. Gleizes et Metzinger demandent à Duchamp de retirer son *Nu descendant un escalier n° 2*, jugé trop proche du futurisme. Il s'exécute.

Mai Premier collage de Picasso : *Nature morte à la Chaise cannée.*

Automne Au Salon d'Automne, *La Maison Cubiste*, projet collectif à l'initiative de d'André Marre, réalisé par Duchamp-Villon (architecture) et La Fresnaye, Rouault, Mare, Laurencin, Villon (intérieur) fait scandale.

Septembre Premier papier collé de Braque : *Compotier et Verre.*
Premiers dîners des artistes de Passy.

Octobre Publication de *Du Cubisme* de Gleizes et Metzinger.
Exposition de la Section d'Or, Galerie de La Boétie. Apollinaire signale « l'écartèlement » du cubisme. Début de l'orphisme

Fin Apollinaire devient co-directeur des Soirées de Paris.

1913 Début du cubisme synthétique de Braque et Picasso.
Le Salon des Indépendants révèle une tendance fortement colorée baptisée par Apollinaire orphisme.
Léger passe un contrat d'exclusivité avec Kahnweiler. Sonia Delaunay étend les recherches de l'orphisme à la mode.
Cendrars et Sonia Delaunay publie *La Prose du Transsibérien*, premier livre simultané.

Février Canudo crée la revue Montjoie.

Mars Publication des *Peintres Cubistes* d'Apollinaire.

Mai Conférence de Léger « les origines de la peinture et sa valeur représentative » à l'Académie Vassilieff publiée dans *Montjoie !*

1914 Max Jacob publie le *Siège de Jérusalem* édité par Kahnweiler.

2 Août Mobilisation Générale. Braque, Metzinger, Gleizes, Léger, Villon et Lhote sont mobilisés.
Marcoussis et La Fresnaye s'engagent. Apollinaire, d'abord rejeté est incorporé en décembre.
Picasso et Matisse restent à Paris. Kahnweiler est contraint à l'exil, ses œuvres sont mises sous séquestres.

BIBLIOGRAPHIE

Guillaume Apollinaire, *Les peintres cubistes*, Paris, Hermann, Savoir, réédition 1993.

Christian Brunet, *Braque et l'espace*, Paris, Klincksieck, Esthétique, 1971.

Pierre Cabanne, *L'Épopée du Cubisme*, Paris, l'Amateur, Regard sur l'art, 2001.

Pierre Cabanne, *Le Cubisme*, Paris, Terrail, 2001.

Pierre Cabanne, *Duchamp & Cie*, Paris, Terrail, 1997.

Daix Pierre, *Le Journal du Cubisme*, Genève, Skira, 1982.

Daix Pierre, *Dictionnaire Picasso*, 1995, Paris, Robert Lafont, Bouquins, 1995.

Sous la direction de Cécile Debray et Françoise Lucbert, *La Section d'Or*, Paris, Cercle d'art, 2000.

Serge Fauchereau, *La Révolution cubiste*, Paris, Denoël, 1982.

Pierre Francastel, Guy Habasque, *Du Cubisme à l'Art abstrait*, Paris, SEVPEN, Bibliothèque générale de l'Ecole pratique des Hautes Etudes, 1957.

Edward Fry, *Le Cubisme*, Bruxelles, La Connaissance, 1968.

Albert Gleizes et Jean Metzinger, *Du Cubisme*, Sisteron, Présence, Vers une conscience plastique, réédition 1980.

John Golding, *Le Cubisme*, Paris, René Julliard, Histoire de l'Art, 1962.

Guy Habasque, *Le Cubisme*, Genève, Skira, Le goût de notre temps, 1959.

Hélène Lassalle, *Léger*, Paris, Flammarion, Tout l'art, 1997.

Danielle Molinari, Robert Delaunay et Sonia Delaunay, Paris, Nouvelles Éditions Françaises, 1987.

Sous la direction Isabelle Monod-Fontaine, *Georges Braque, Les papiers-collés*, Paris, Centre Georges Pompidou, 1982.

William Rubin, Picasso et Braque, *L'Invention du Cubisme*, Paris, Éd. Flammarion, 1990.

Université de Saint Etienne, *Le Cubisme*, travaux IV, Paris, CIEREC, 1971.

Christian Zervos, *Pablo Picasso catalogue raisonné*, Paris, Cahiers d'Art, 1932-1978, XXXIII volumes.

I N D E X

I N D E X

Sincères remerciements à Catherine Laulhère-Vigneau, Sandrine Bailly, Nathalie Bec, Cécile Beaucourt, Anne Baldassari, Jeanne Sudour, Sylvie Fresnault et Pierrot du Musée Picasso de Paris. L'AAVP, Karim A, Soumaïla, Jean-Pierre, Fabienne, Clémentine Gaultier, Paulette et Renée Gaultier, Micheline et Henri Lamirand, ainsi que leurs enfants et petits et arrières petits enfants, Maria Landau, Cloé Fontaine,Linda Pastoriza, Sarah Mennecier, Ellen Knibe, Alexandre Xeu, Sandrine Chollet et Sergio Giral.

Responsable de la collection : Sandrine BAILLY
Coordination éditoriale : Nathalie BEC
Relecture et iconographie : Cécile Beaucourt
Mise en pages : Cécile Beaucourt
Fabrication : Mélanie LAHAYE
Photogravure, Flashage : Pollina s.a., Luçon
Couverture imprimée par Pollina s.a., Luçon
Achevé d'imprimer et broché en août 2002 par Pollina s.a., Luçon

© 2002 Flammarion, Paris
ISBN (Flammarion) : 2-08-011023-3
ISSN : 1275-1502
N° d'édition : FA 1023-01
N° d'impression : L87178
Dépôt légal : septembre 2002

Imprimé en France

Pages 4-5 : Pablo Picasso, *Trois Figures sous un arbre*, vers 1907, huile sur toile. Paris, musée Picasso.